¿Cómo se escribe un buen cuento?

Patricia Sánchez-Cutillas

¿Cómo se escribe un buen cuento?

Escritura creativa con ejercicios
Guía para lectores inquietos

ISBN: 978-84-09-07420-4

Copyright Patricia Sánchez-Cutillas

Imagen de portada: Pixabay. Autor: Comfreak. *Mystical.*

Índice de contenido

Sobre la autora

Hola:

Soy Patricia Sánchez-Cutillas. He publicado las novelas *La isla de la nada* y *La voz empedrada*; los libros de escritura creativa *¿Te gusta escribir?*, *Taller de escritura y magia*, *Mitología para curiosos*, *Taller de escritura con Virginia Woolf* y *¿Cómo se escribe un buen cuento?*. También tengo publicados *El oráculo de los cuentos de hadas*, formado por un libro y cincuenta cartas, *y Litarot*, un oráculo literario formado por un libro y cien cartas.

Si quieres saber más sobre mí, puedes consultar mi página:
http://www.talleresdeescrituracreativa.es

Tengo un canal de vídeos en el que hablo sobre mitología, cuentos de hadas, literatura y escritura creativa. ¿Te apetece suscribirte o ver alguno? Se llama:
Patricia Sánchez-Cutillas Mitología y Litarot

Espero que disfrutes con este libro y, sobre todo, que te aporte conocimientos y aún más deseos de leer y/o escribir.

El subconsciente del cuento

Este libro está escrito para que crezcas como lector o lectora, para escribir y para que llegues al subconsciente del cuento. Su origen es curioso porque nació de una carencia. Cuando me decidí a dedicarme exclusivamente a la escritura, intenté leer a los grandes con una visión más profesional, pero no terminaba de entenderlos. Las obras me gustaban o no me gustaban, pero no comprendía por qué una novela revoluciona la narrativa del siglo XX o por qué un relato pasa a ser clasificado como uno de los mejores de la literatura universal. Con el tiempo, me inicié como profesora de escritura creativa, tuve que estudiar, analizar muchos textos y redactar muchos cursos, entre ellos este de relatos, y ahí es cuando aprendí de verdad, enseñando a otros. Entonces me di cuenta de que algunos lectores podrían perderse, como yo me había perdido en un pasado, ese placer intelectual que proporciona el conocimiento de las corrientes subterráneas de un cuento, lo que yo llamo sumergirse en el subconsciente del relato. Es bueno leer una historia y disfrutar con ella, pero si además conocemos sus corrientes marinas, el disfrute es aún mayor.

Por eso escribí este libro, para todos los lectores y lectoras inquietos que quieren ir un poco más lejos en sus lecturas y, a la vez, para aquellos que sientan el deseo de aprender a escribir relatos.

Si eres un lector inquieto, este libro está escrito para ti. Si quieres disfrutar y bucear en lo más profundo de los relato, símbolos, temas, técnicas, inquietudes, desencuentros y errores de sus personajes, este libro es el adecuado.

Y si quieres aprender a escribir relatos, al final de cada capítulo hay una propuesta de escritura creativa, para aquellos que, además del placer de leer sienten la necesidad de escribir. Se llama elección artística, ya que escribir es una elección, no una práctica o ejercicio.

Nivel de lectura y de escritura creativa de este libro

Los relatos analizados en este libro son:

El banquete de sapos, de Dorothy Parker; *Propiedades de un sillón,* de Julio Cortázar; *Colinas como elefantes blancos*, de Ernest Hemingway; *La perfecta señorita,* de Patricia Highsmith; *El crimen del profesor de matemática*, de Clarice Lispector; *Una rosa para Emily*, de William Faulkner; *Conversación con mi padre*, de Grace Paley: *El rinoceron*te, Juan José Arreola; *El muerto*, Jorge Luis Borges.

Como **guía de lectura,** lo recomiendo para **cualquier nivel.** Todo está explicado de forma sencilla, sin tecnicismos para hacer más fácil su comprensión.

En cuanto al **nivel de escritura creativa** es difícil de determinar. Se puede utilizar tanto en un nivel **iniciación** como **intermedio,** pero no es un libro para romper bloqueos creativos. Si tienes ese problema, te recomiendo otro de mis libros: *¿Te gusta escribir?,* en el que encontrarás elecciones artísticas que te animan a empezar y a romper esos bloqueos

Si te enfrentas al papel en blanco o a la pantalla del ordenador de una forma más segura, puedes iniciarte con este libro. Las elecciones artísticas no son difíciles, pero te piden que utilices la técnica que se enseña en el capítulo.

La organización de este libro

En el primer capítulo te hablo del cuento en general, la estructura, el ritmo, los indicios…

Luego, siguen nueve capítulos y cada uno analizo un relato y destaco una característica importante de él. Por ejemplo, en el tema de Clarice Lispector hablo de la epifanía en literatura para luego analizarla en su relato y que vosotros, como lectores, la podáis detectar; con Hemingway, de la elipsis; con Faulkner, de los saltos cronológicos; con Grace Paley expongo qué es la metaliteratura… Después de explicar el recurso especial de cada cuento analizo el relato en concreto. El objetivo es llegar al subconsciente del cuento.

Como se trata de autores del siglo XX, y para respetar los derechos de autor, no se han reproducido aquí los cuentos, pero los podrás encontrar con facilidad, ya que son bastante famosos. Cuidado con la traducción, no vale cualquiera. A veces una traducción puede convertir un cuento magnífico en un laberinto horroroso.

Formas de leer este libro

Uno de los objetivos de este libro es aprender a leer relatos con extrañamientos

Lo puedes hacer como quieras: todo de un tirón; leyendo primero el capítulo del libro y luego el cuento… Pero yo te recomiendo este orden: primero lee el cuento, luego el capítulo que trata sobre ese cuento y, por último, relee el cuento. De esta manera te percatarás de lo mucho que has crecido entre una lectura y otra, de tu potencial y capacidad de análisis cuando tienes las herramientas adecuadas. Y verás que el disfrute por la lectura es mayor.

Y con esto empezamos el libro.

CAPÍTULO I

El cuento o relato breve

Para escribir un cuento, hay que hacerlo de la misma manera que un campesino pasa el arado por su campo, con reconcentración y ensañamiento, llenando todos los espacios y sin salirse nunca de sus límites.

La palabra cuento viene del latín, *computus computare*, y se refiere a hacer números. Esto ya nos da una idea de que las matemáticas, el cálculo en el cuento juegan un papel importante.

La escritora Flannery O'connor nos dejó escritas estas aportaciones: *Un cuento es una acción dramática completa, y en los buenos cuentos los personajes se muestran por medio de la acción, y la acción es controlada por medio de los personajes. Y como consecuencia de toda la experiencia presentada al lector se deriva el significado de la historia.*

¿Se llama cuento o relato breve?

Respecto a los términos, el cuento y relato breve es lo mismo. Pero la primera palabra se presta a confusión puesto que también define otros géneros. Por ejemplo, el cuento que los autores escriben para niños es el cuento infantil; los que escuchamos o leímos en la niñez, *Pulgarcito, Cenicienta...* son cuentos de hadas (aunque no aparezcan hadas en el cuento); el llamado cuento tradicional pertenece a la literatura épica y también engloba a los de hadas. Y también utilizamos este término para aquellos relatos escritos por un autor, como los de *El Conde Lucanor*, del Infante Juan Manuel, o los cuentos del *Decamerón,* de Boccaccio.

En este libro vamos a analizar lo que es el cuento literario llamado también relato breve. A finales del siglo XIX, Poe, con sus ensayos sobre crítica literaria, deja sentadas las bases del cuento moderno. Hoy en día hay autores que empiezan a rebelarse contra esas teorías y a reivindicar que ha habido una evolución desde entonces

Según Poe, los relatos deben secuestrar la atención del lector; ser leídos de un tirón en menos de dos horas y no menos de treinta minutos y, para lograrlo, este autor nos dice que no tienen que extenderse más de treinta páginas; antes de escribir hay que elegir el tono; la trama ha de ajustarse a ese tono elegido, y tiene que haber un eje sobre el cual gire la estructura de la historia.

Hay algunas polémicas en la actualidad sobre cómo tiene que ser un relato. Según algunos críticos o cuentistas, las características del cuento no son rígidas ni estables, van cambiando y evolucionando y piden más libertad. Sin embargo, los cuentistas de este libro son del siglo XX, por tanto, voy a exponer las normas clásicas de las características generales de un cuento.

Características generales
— Por su brevedad tienen unidad de acción, se cuenta una acción única.
—Suele haber un solo protagonista y pocos personajes. El protagonista puede ser, por ejemplo, un pueblo o una masa de gente, pero que actúe de forma unívoca.
—Tiene unidad de ritmo. Un cuento que comience con oraciones rápidas y breves y acabe con oraciones largas, pasivas o subordinadas sin que esté justificado tendrá un ritmo fallido.
—Debe tener un planteamiento, un clímax y un desenlace.
—El final también tiene que estar cuidado. Hay que intentar que sea coherente y no previsible.
—Respecto a la extensión, los críticos no se ponen de acuerdo. Hay quien dice que puede extenderse hasta veinticinco páginas; otros que hasta cincuenta. A partir de veinticinco o a partir de cincuenta, según qué críticos, ya estamos hablando de novela corta.
—Según Poe, tiene que producir en el lector un efecto único o impresión.
No debería haber una sola palabra en toda la composición cuya tendencia, directa o indirecta, no se aplicara al designio preestablecido.

Edgar Allan Poe

—Como consecuencia de lo anterior, la característica más importante del relato es la concisión. Podemos extendernos en otros géneros e introducir digresiones o descripciones para crear ambientación o caracterizar a los personajes, pero en el cuento, no. Las explicaciones deben ser mínimas y hay que definir a los personajes con escasas alusiones. Si el novelista suma, el cuentista resta. Se cuenta algo de forma breve, se suprimen muchas explicaciones.

La tensión y los símbolos

El cuento o relato corto narra una historia intensa y calculada. Calculada desde el principio hasta el final, porque la suma de todo lo que ocurre y de todo lo que se utiliza, desde el diálogo hasta los indicios, da como resultado la unidad del cuento. No hay tiempo muerto o momentos de descanso para la atención del lector.

Si el autor o autora nos habla en una sola línea de un amanecer rojo al principio de la narración, nos está avisando de que se va a verter sangre al final de la historia, o que la idea central tiene relación con la sexualidad, con lo prohibido, con el peligro o con la creatividad. Tal y como dice Poe, todo lo que aparece en el cuento tiene una función.

En un buen cuento no hay adornos. Los que hay son innecesarios solo en apariencia, están porque apoyan una idea o porque avisan de lo que va a ocurrir. El autor o autora tiene que ir creando un clímax psicológico en el lector, constreñir una historia, eliminar las palabras innecesarias. Pero en el cuento lo psicológico y la ambientación están al servicio de la idea central. Una sola frase no justificada puede quitarle fuerza. Hay que mantener la fuerza y la tensión hasta el final.

Brevedad

Es erróneo considerarlo como un género menor que la novela, ya que es bastante difícil escribir un buen cuento. En algunos países la tradición cuentista goza de mucho prestigio, de manera que algunos escritores de talla universal han utilizado muchísimo este género, como es por ejemplo Borges.

Leamos la opinión que tiene Juan Rulfo sobre este género:

Para mí, el cuento es un género realmente importante porque hay que concentrarse en unas cuantas páginas para decir muchas cosas, hay que sintetizar, hay que frenarse; en esto el cuentista se parece un poco al poeta, al buen poeta. El poeta tiene que ir frenando al caballo y no desbocarse; si se desboca y escribe por escribir, le salen las palabras una tras otra y, entonces, simplemente fracasa. Lo esencial es precisamente contenerse, no desbocarse, no vaciarse; el cuento tiene esa particularidad; yo precisamente prefiero el cuento, sobre todo, a la novela, porque la novela se presta mucho a esa divagación.

La primera frase

Un elemento importante en el relato es la primera frase por varias razones: porque tiene que enganchar al lector, atraparlo y hacer que siga leyendo; porque es la que marca el clímax desde el principio; porque muchas veces anuncia el final; y, sobre todo, porque es la que marca el rumbo del resto del relato.

A pesar de esta regla, podemos encontrar muy buenos cuentos en los que la primera frase no suele ser muy significativa, pero en general tiene que sorprender y hacer que el lector siga leyendo. Hay quien opina que por la primera frase se sabe si un cuento es bueno o malo o si está trabajado o no.

Muchos autores recomiendan que, cuando se empieza a escribir un cuento, se empiece a escribir, se siga adelante y, al final, cuando ya está toda la narración concluida, trabajar la primera frase. Esta es la equivalente al primer capítulo en una novela. El autor o autora de una novela trabaja el primer capítulo consciente de que es la carta de presentación y de que el lector seguirá o no leyendo según despierte o no su interés.

Vamos a ver ejemplos de primeras frases, aunque no correspondan a relatos breves sino a novelas breves, un género muy cercano al relato. Una de las mejores frases de la historia de la literatura es la de *La metamorfosis,* de Kafka:

Una mañana, tras un sueño intranquilo, Gregorio Samsa se despertó convertido en un repugnante insecto.

Es una primera frase tan importante que con ella comienza la literatura de lo absurdo. Si te fijas bien, empuja a seguir leyendo, despierta la curiosidad. Pero no solo eso, también te secuestra al mundo de Gregorio Samsa. Te está contando algo absurdo, un hombre que se despierta convertido en un repugnante insecto sin ninguna explicación científica. Y lo que nos narra el autor es lo que le ocurre a ese hombre convertido en insecto, cómo es su vida a partir de entonces En ningún momento de la historia nos explicarán las causas de ese cambio.

Lee estos otros ejemplos de comienzos de relatos, verás cómo te despierta el deseo de seguir leyendo:

No supe que tenía una hermana siamesa hasta que la maté.

Laura Freixas, *Miss Hyde y el dragón*

La noticia de la muerte de la señora Grancy me llegó como el impacto de un inmenso error... uno de los actos del más irreparable vandalismo del destino.

Edith Wharton, *La imagen móvil*

Ser profesora de instituto no es un trabajo apasionante —yo diría que incluso ser bedel lo es más— pero tiene la ventaja de que estás en alucinante y permanente contacto con la mediocridad humana (y así una nunca se olvida de dónde realmente está y en qué mundo vivimos) y, además, puedes disfrutar de muchos meses de vacaciones.

Enrique Vila-Matas, *Los amores que duran toda la vida*

—¡Diles que no me maten, Justino! Anda, vete a decirles eso.

Juan Rulfo, *¡Diles que no me maten!*

Como verás, todas empujan a seguir leyendo para saber qué nos van a contar.

Los indicios: adjetivos, pequeñas metáforas y símbolos

En un relato no sobra nada. El buen cuentista lo aprovecha todo desde el título hasta los adjetivos.

Los indicios son las pistas que se encuentran a lo largo del relato y dan información sobre lo que ocurre o sobre lo que aún no ha pasado. Son avisos que preparan el subconsciente del lector para que este, cuando le sorprenda el final, acepte que la historia tiene coherencia.

Los indicios en el relato están escondidos en metáforas breves, adjetivos, descripciones furtivas o cualquier otro recurso que va emergiendo a lo largo del texto. Si en un relato aparecen unos pájaros que se revuelven contra una jaula, podría significar que hay un personaje o varios que se sienten atrapados física o emocionalmente. Si en una casa la caldera de la calefacción, el corazón de la instalación, se rompe, a continuación o al final del relato un personaje podrías sufrir un infarto. Si el agua se desborda del lavabo, quizá un asunto desbordará a un personaje. No hay nada mejor que la imaginación fértil de un escritor para saber crear esos indicios.

Los indicios se utilizan en muchos géneros. Por ejemplo, en la película *Psicosis*, Norman Bates es un asesino en serie y tiene escondida en su casa a su madre momificada. Los espectadores no lo sabremos hasta el final de la historia. Hitchcock nos muestra en una de las escenas de la película el despacho de Norman, que está lleno de aves disecadas. Norman cuenta a otro personaje, Marion Crane, que le gusta la taxidermia. Es un indicio muy importante y con él se logra que ese final tan sorprendente sea a la vez coherente por lo estas razones: es verosímil que haya momificado el cuerpo de su madre puesto que tiene el conocimiento técnico; la presencia de la muerte, a través de las aves de su despacho, para él es algo cotidiano. Por eso, el salto de manejar animales muertos a matar a su madre es abrupto pero posible y coherente. Esto hace que la impresión final, cuando los espectadores nos enteramos de que guarda el cuerpo de su madre en su casa, sea sorprendente, pero tiene una lógica en la psique de Norman. Esa afición por la taxidermia, unida a una vida solitaria y a los conflictos psicológicos del pasado que no resolvió, lo han convertido en un asesino. En la mente del espectador ya hay una mentalización para aceptar este hecho sin percibirlo como un disparate o incoherencia.

Hitchcock era un maestro con los indicios. Al principio de otra de sus películas, *Topaz,* los espectadores vemos que hay una familia soviética que está intentado huir. Para despistar a sus perseguidores, se introduce en una fábrica de porcelanas. En unas de las siguientes escenas aparece una figura de dos enamorados que alguien tira al suelo y se hace añicos. A lo largo de la película, una historia de amor morirá bruscamente. En una de las escenas siguientes, una de las trabajadoras modela una porcelana con unas rosas diminutas. Con un utensilio de trabajo, corta el tallo de una de ellas a la altura del cáliz: cuando la historia avance una mujer, Juanita de Córdoba, morirá cuando uno de sus amantes le da un tiro en el corazón mientras la abraza.

El manejo de los adjetivos en el relato también es muy importante, ya que no están para adornar el lenguaje, tienen una finalidad y a veces sirven como indicios.

Y acabemos este capítulo con una cita de Monterroso:

En un cuento moderno, por ejemplo, a nadie se le ocurre decir cosas elevadas porque se considera de mal gusto, y probablemente lo sea; en cambio, si usted atribuye ideas elevadas a un animal, digamos a una pulga, los lectores sí lo aceptan.

Augusto Monterroso

Cómo te puede llegar la inspiración para escribir un relato
Este es un apartado para gente que quiera utilizar este libro como taller de escritura. La elección artística al final de cada capítulo te servirá para poner en práctica lo aprendido
Esta sección está dedicada a toda persona que quiera iniciarse o evolucionar en la escritura del relato breve. Son propuestas literarias a las que no me gusta llamar ejercicio o práctica, sino elección o compromiso artístico. Al fin y al cabo, es una forma de comprometerse con la creatividad que llevamos dentro.
Si quieres escribir un cuento sin perder el ritmo y la atmósfera, intenta escribirlo sin interrupciones. Dejar a medias la escritura de

un cuento significa interrumpir el ritmo para tener que retomarlo otro día, interrumpir la tensión. A veces no queda más remedio que hacerlo así, pero entonces cuando lo retomes, relee varias veces el cuento para que el ritmo y la idea se te *contagie.*

¿Y cómo crees que hay que empezar a escribir un cuento? Pues como te diga tu intuición. Puedes planificar la idea, los personajes, la estructura y el final. Empiezas a escribirlo y después lo vas corrigiendo.

Pero también la idea te puede elegir a ti. A veces un cuento puede empezar porque te llega una frase y sabes que es el comienzo de un cuento. Empiezas a escribir partiendo de esa frase sin saber adónde vas. Permítele hablar a tu subconsciente, dale voz, entérate de lo que te quiere contar. Tus manos pueden actuar cómo médium entre la idea y el texto. No pienses en corregir mientras escribes. Una vez volcada la idea, te tocará corregir, no antes. Ten en cuenta que dentro de ti tienes un creador y un crítico. En el momento en el que estás dejando salir tu historia, deja al crítico de lado, dale prioridad al creador. La corrección viene después.

Este método sirve para relatos breves. Una novela también la puedes empezar sin saber adónde vas, pero a partir de un número de páginas, pongamos entre veinticinco o cincuenta, tendrás que empezar a estructurar.

Otra razón por la que empiezas a escribir un cuento es por la aparición de una escena en tu imaginación. O incluso puede ser una emoción, un sentimiento quien te empuje a escribir. A veces nos hacemos propósitos racionales, escribir sobre un tema que puede tener una salida comercial o que pueda tener interés para un mayor número de lectores. Pero la imaginación, el subconsciente o las emociones nos pueden boicotear nuestra trayectoria tan racionalizada. Y es precisamente cuando nos ponemos a escribir, cuando nos salen al paso otras energías que nos conducen por otro camino. Déjate llevar por esas energías. No tienes que abandonar ese primer cuento, sino dejarlo varado. Escribe primero lo que te diga tu subconsciente y luego puedes rehacerlo.

Elección artística

Ahora te corresponde a ti escribir un cuento o relato breve. No te preocupes por todas las cuestiones técnicas que acabas de leer, déjate llevar y escribe.

Puedes elegir entre varias propuestas, pero si tú tienes tu propia idea, déjate llevar por ella.

1º—Elección: Este es el cuento más breve de la literatura latina:

Cuando despertó, el dinosaurio todavía estaba allí.
Augusto Monterroso, El dinosaurio.

Uno de los ejercicios más conocidos en escritura creativa es escribir la continuación. La primera frase tiene que ser *Cuando despertó, el dinosaurio todavía estaba allí.* Y sigue escribiendo. ¿Qué más puede pasar?

2—Puedes elegir otra opción. Recuerda *La metamorfosis,* de Kafka: *Una mañana, tras un sueño intranquilo, Gregorio Samsa se despertó convertido en un monstruoso insecto.*

Y ahora escribe una historia a partir de esta frase. Cambia la palabra insecto por caracol o por el animal que hayas elegido y ponle otro nombre al personaje:

Una mañana, tras un sueño intranquilo, Evaristo Pérez se despertó convertido en un caracol.

La frase puede estar al principio, en mitad del cuento o al final, como tú prefieras.

Y ya sabes lo principal: ¡Disfruta escribiendo!

CAPÍTULO II
El banquete de sapos, Dorothy Parker
Escribir sobre el arquetipo de la víctima

Biografía

Dorothy Rothschild nació en Nueva Jersey el 22 de agosto de 1893, aunque ella siempre se consideró neoyorquina.

Escribió relatos, teatro, poesía, crítica, guion y drama. Destacó sobre todo como cuentista. Empezó a ganarse la vida a partir de los veinte años tocando el piano en una escuela de baile. Por entonces, las mujeres tenían muy pocas salidas laborales. En 1915 fue contratada como asistente editorial de la revista Vogue y a partir de ahí comenzaría su carrera literaria.

Se casó con Edwin Pond Parker y desde entonces firmó con su apellido, Dorothy Parker. Ella continuó trabajando para revistas incluso casada, algo inusual en su época. Siempre defendió que las mujeres, casadas o no, tenían que ser económicamente independientes. En 1914 se separó de su marido.

En 1934 se casó con el actor Alan Campbell, del que se separaría unos años más tarde. Se trasladaron a Hollywood. Allí Dorothy escribió el guion de *Ha nacido una estrella* (A Star is Born).

Viajó mucho y fue una gran activista política. Fue a España para apoyar la causa republicana durante la Guerra Civil. Escribió un cuento sobre unos milicianos en Valencia llamado *Soldados de la república*.

Fue sospechosa de pertenecer al partido comunista durante la represión de McCarthy por lo que estuvo en la lista negra d Hollywood.

Su lugar preferido para vivir siempre fue Nueva York. Supo retratar su vida social y trivial de forma cáustica, aguda e irónica.

Le gustaba vivir en hoteles, según ella, porque así podía pedir whisky de madrugada. Perteneció a la famosa Mesa Redonda del Hotel Algonquin. Estos eran un grupo de periodistas, escritores e intelectuales de Nueva York que se reunían en la década de los veinte una vez a la semana para comer y beber, contarse sus éxitos y lanzarse frases ingeniosas. Entre ellos estaban Harpo Marx o Franklin Pierce Adams

Dorothy vivió la época de la Ley Seca y, eso no impidió que su bebida favorita fuera el martini seco.

Murió el 7 de junio de 1967.

Fue una mujer ingeniosa, y mordaz con una gran capacidad para observar y captar la sociedad que le rodeaba. Nos dejó frases famosas como: *Las dos palabras más bellas de la lengua inglesa son: cheque adjunto;* o *Cualquier mujer que aspire a comportarse como un hombre, seguro que carece de ambición.*

Le gustó siempre la provocación. En su tumba, está escrito el epitafio *Perdonen por el polvo.*

Uno de los relatos más conocidos fue *Big Blonde,* traducido al español como *La gran rubia* y otras veces como *Una rubia imponente.* Ganó el Premio O. Henry en 1929. Dejó su herencia a la NAACP, el movimiento de Martin Luther King.

Argumento del cuento *El banquete de sapos*

La autora narra la historia desde una situación general a una particular. Habla de la gente en el país más rico del mundo, y luego pasa a hablar de Nueva york, nos sitúa en el espacio. En cuanto al tiempo, no da referencia excepto el de las costumbres de la gente: las mujeres abandonan a sus maridos, los maridos a sus mujeres, hay mucha gente rica, muchos mendigos y en las farmacias se venden medicamentos para dormir y para despertar. Intuimos que es el siglo XX.

En esos tiempos tan revueltos, ya en el segundo párrafo, después de habernos contado una situación social, nos cuentas de que Guy Allen ha abandonado a su mujer Maida.

A partir de ahí las amigas animan a Maida, le dicen que él va a volver. Pero él no lo hace. Las amigas la llaman para salir, para reuniones sociales y para fiestas multitudinarias. Le presentan a otros hombres, pero Maida no quiere superar el problema y siempre boicotea la alegría de las reuniones y fiestas hablando del abandono de su marido. Las amigas dejan de intentar ayudarla y Maida se encuentra con una psicóloga, la doctora

Marjorie Langham, quien le dice lo que quiere oír: que su marido va a volver. Le da una serie de explicaciones sobre cambios, sobre las crisis de los cuarenta. Su marido volverá y lo hará arrepentido. Un día el marido la llama para recoger una maleta, y le dice que se va a vivir lejos y que nunca ha sido feliz con ella. Maida empieza a tragar su primer sapo.

Análisis

El banquete de sapos es una crítica feroz a un tipo psicológico que no avanza y que se regodea en su propio sufrimiento. Hablamos del arquetipo del mártir, en este caso la mártir.

El relato empieza cuando Maida es abandonada por su marido. Es la historia del estancamiento de esta mujer frente a la situación. No sabe evolucionar y su tendencia a ser una mártir le hará estancarse en una situación que no le lleva a nada.

Dorothy en uno de sus cuentos más famosos, *La gran rubia*, criticó a las mujeres dependientes de los hombres. En *La gran rubia* trata sobre un personaje femenino que tiene una dependencia económica respecto a los hombres y que esconde también una dependencia afectiva. Los personajes masculinos son bastante impresentables, hombres que llevan una doble vida, que mantienen a su querida mientras son respetables padres de familia, que se aprovechan de las necesidades económicas de la protagonista y que quieren una amante que siempre ría y que nunca muestre su lado vulnerable.

Pero el personaje femenino de *El banquete de sapos*, Maida, vive bien, y no pasa problemas económicos cuando el marido se marcha. Él sigue pagando el alquiler, y le manda un cheque a principio de mes. En realidad, es un hombre que la cuida económicamente. En el caso de *La gran rubia*, el personaje vive de las pensiones que le pasan los hombres, pero en cuanto estos desaparecen de su vida, empezando por su marido, desaparece el apoyo económico.

En realidad, la señora Maida Allen es una mujer no del todo desafortunada. Le ha dejado el marido, pero tiene criados en su casa, lo que la libera de los trabajos domésticos; puede asistir a reuniones y fiestas; aún no tiene hijos; su edad más o menos es de treinta y tantos, y tiene buenas amigas que se preocupan de llamarla, apoyarla e incluso presentarle hombres... En definitiva, está separada, tiene dinero, tiempo, libertad, amistades y es atractiva. Pero con el cuento Dorothy nos muestra que lo que importa no son los dones o las posibilidades que recibamos en la vida, sino cómo sabemos aprovecharlos y la actitud que tomamos ante ella. Y en ese sentido es un cuento muy sabio.

El cuento se queda con un final abierto. Por supuesto, los lectores sabemos que ese marido nunca va a volver. Pero el final abierto es cómo reaccionará ella. ¿Acabará aceptando la separación y la pérdida? Todos los lectores sabemos que Maida tiene que aceptar la ruptura, y no quedarse encerrada en casa. Pero ¿lo hará?

En la parte final del relato la actitud de él yéndose de nuevo la ha desconcertado. Esa supuesta conquista, ese juego erótico que le había propuesto la doctora para atraer de nuevo al marido no lo ha podido desplegar. Él está demasiado cansado de la relación.

Sobre el arquetipo del mártir y su actitud hacia el cambio, Ambika Wauters nos dice:

La vida del Mártir está llena de sufrimiento. Es incapaz de realizar los cambios necesarios para modificar sus actitudes negativas y su energía se queda, con frecuencia, rancia y estancada. El Mártir sufre por las muchas cosas que suceden en el curso de su vida. Cualquiera que sea la situación, el Mártir es incapaz de liberar sus actitudes fuertemente negativas hacia la vida, y de crear el gozo y la felicidad que tan desesperadamente desea.

Ambika Wauters, Los chakras y los arquetipos.

Y así se queda Maida, rancia y estancada. Prefiere encerrarse en casa esperando a que su marido vuelva que afrontar la situación. Y mientras nos describe a Maida y su actitud ante la ruptura, la narradora aprovecha para retratar a la sociedad norteamericana de entonces, la clase media alta y el tipo de vida que llevaban.

Esta sociedad está llena de contrastes. Estados Unidos es el país más próspero del mundo en ese momento, pero a pocas manzanas de los barrios elegantes proliferan los mendigos, las mujeres se exhiben, y los mostradores de las farmacias están llenas de botes de pastillas para tranquilizar primero y para animarse después. Muchas mujeres, hasta entonces perfectas amas de casa (*arquitectas de menús memorables*), huyen con sus amantes más jóvenes y artistas, y muchos maridos no vuelven a casa.

No sabemos por qué estos años está ocurriendo esto. A la autora le interesa hacer un retrato social, dar pinceladas para crear el ambiente, pero no investigar las causas de esos años locos. Por eso, aunque las nombre, no nos interesa saber por qué ocurre eso, sino cómo afecta a señora Allen.

La señora Allen es la figura de la mujer abandonada. En otro tipo de sociedad la hubieran hecho mucho caso y hubieran sentido bastante compasión por ella. Pero en este momento, según la autora, esto ocurre con frecuencia. De modo, que cuando ella quiera estancarse en su papel de mártir, su círculo de amistades la rehúye.

Al principio la reacción de las amigas es la lógica: le dicen que el marido es un impresentable y que volverá. Después Maida Allen sigue repitiendo una y otra vez su desgracia. Ha pasado el tiempo, aunque la narradora no nos dice cuánto. Y la narradora, con una frase lapidaria, nos dice:

La cruel verdad es que las sagas de las mujeres abandonadas adolecen de una lamentable falta de variedad.

Cuando una amiga le dice que hable de otra cosa, Maida decide no volver a ver a esa dama. Es el primer toque de atención que ha recibido. Puede reaccionar y cambiar. Pero Maida, como buena mártir, prefiere mantener estancada su energía. Decide no volver a ver a esa dama, seguir con sus argumentos, y las demás amigas deciden distanciarse de ella.

Ambika Wauters también nos dice sobre el mártir:

El mártir renuncia a la responsabilidad por su bienestar, y esperan que otros hagan lo mismo. Su fortaleza y poder radica en manipular a otros para hacer lo que él hace.

Sin embargo, las amigas no la abandonan del todo. La llaman para cenas y le presentan a hombres nuevos. Pero en la cena:

La señora Allen acudía llevando consigo su obsesión, y la colocaba, por así decirlo, en medio del mantel, cual macabro centro de mesa.

Debido a su afición a boicotear cenas con sus peroratas, las amigas dejan de llamarla. Sin embargo, Maida sigue teniendo suerte con las amigas, aunque ella es incapaz de valorar esa suerte. La siguen invitando a las fiestas multitudinarias. Pero, para Maida, la fiesta no es más que un trampolín para preguntar a gente conocida qué sabe de su ex marido.

A partir de ahí la dan por imposible y ya no cuentan con Maida. Ella no ve las oportunidades que le han presentado, porque, como buena mártir, está eternamente insatisfecha. Y en vez de plantearse un cambio de actitud prefiere repetir que la han traicionado.

Empieza a hablar sola en su apartamento, y luego en la calle. Es una imagen patética la que ofrece. Pero tiene la suerte de que ese año en la ciudad hay muchas personas que hablan solas por la calle.

En el relato la autora juega con el tiempo. En literatura volver al pasado, (el flash*back* del cine) se llama analepsis. Primero nos ha presentado al personaje Maida, la actitud que toma ante el abandono. Y luego ya nos presenta al marido y retrocede a dos días después del abandono. Nos cuenta que el marido la cuida económicamente, recibe el cheque con puntualidad y paga el alquiler. Él no se ha ido a vivir a una casa, vive en su club. Con esos datos adivinamos que el nivel de vida del matrimonio ha sido medio alto, pero no por una cuestión de fortuna de alguno de ellos, sino por el trabajo de él. Recordemos que es un período de la historia en el que la mujer no tiene apenas salidas laborales.

Después de renunciar a ir a reuniones sociales, Maida recurre a otra treta psicológica para no tener que hacer cambios en su vida: la idealización del pasado. Empieza a recordar la felicidad perfecta que habían vivido su marido y ella durante diez años. Pero la voz de la narradora enseguida irrumpe con mordacidad:

En abril, lágrimas mil derramó la señora Allen por los tiempos pasados; y nadie se le acercó nunca para explicarle que, si había tenido once años de felicidad perfecta, era el único ser humano al que le había ocurrido algo semejante

Maida necesita comprensión y que alguien la escuche. Después del supuesto abandono de sus amigas, busca nuevas amistades y las encuentra. Hasta en eso tiene suerte. En realidad, el personaje tiene fuerza y poder, y sabe ser activa cuando algo le interesa. Pero ese movimiento externo no va acompañado de un cambio interno. Sigue buscando la compasión. Las nuevas amigas después de oírla sucesivas veces, le dicen que mande a su marido al carajo, y ella decide no volver a las reuniones. No busca divertirse, entretenerse ni compartir su tiempo con los demás. Lo único que le intensa es alguien que la compadezca. Pero *Las señoras no le ofrecieron comprensión sino recomendaciones.*

Y precisamente esta búsqueda de la comprensión y compasión le hace encontrarse con la persona que no le conviene, pero que desea tener al lado: una depredadora, la doctora Marjorie Langham. Con sus frases ingeniosas y una sorprendente ironía, la narradora nos cuenta que es una timadora, una doctora que nunca pisó la universidad.

"Aunque la doctora Marjorie Langham se ganaba la vida trabajando, no había perdido ni una pizca de su feminidad, sin duda, porque nunca había tenido que pisar los pasillos manchados de sangre de la facultad de medicina ni quemarse las bonitas pestañas estudiando para conseguir el doctorado. De un solo salto, lleno de gracia, había caído sobre los delgados pies convertida en curandera de mentes atribuladas. Aquel fue un año en que los divanes de tales curanderos no llegaban a enfriarse entre paciente y paciente. La doctora Langham gozaba de un éxito tremendo."

En ese mundo en el que los mostradores de las farmacias están repletos de pastillas tranquilizantes y pastillas estimulantes, la falsa doctora sabe lucrarse porque sabe dar a sus pacientes no lo que necesitan, sino lo que quieren oír:

...y demostraba una firme simpatía por las desgracias de las

*representantes sensibles de su sexo. Estaba hecha para la
señora Allen.*

La doctora es lista, no tiene mucha idea de medicina ni de psiquiatría, pero sabe recurrir a los tópicos. Para ella las mujeres abandonas que no quieren salir de su situación son una fuente de recursos económicos. La doctora le da la medicina que quiere: la negación de su parte de responsabilidad en el abandono. En cierto modo, lo que siempre quiere un mártir, negar la responsabilidad y el poder:

Ah, esas pobres mujeres, ¡esas pobres idiotas! Se destrozan el corazón, se flagelan con sus porqués, porqués, porqués, se dejan la piel para encontrar un motivo estrambótico que justifique el hecho de que sus maridos las dejen plantadas, cuando no se trata más que de un caso tradicional y pasajero de nervios exacerbados y un cambio rutinario de metabolismo.

Cuando le dice esto, Maida se queda sorprendida. Nunca había atribuido el abandono a asuntos del metabolismo. La doctora le da libros para leer, todos son de casos de hombres que abandonan el hogar. Todos exponen una colección de casos de hombres casados que, en un arranque de enfurecida rebelión contra la madurez, habían abandonado el lecho conyugal y el techo familiar. Esos hombres, después de andar perdidos, volvían todos al lecho conyugal. Eso es precisamente lo que Maida quiere oír o leer.

Los libros son de diferentes autoras, pero *Se notaba cierta uniformidad en sus contenidos.*

Con esto, la inteligencia de la narradora va más allá. Insinúa que todos esos libros, aunque firmados por distintas mujeres, los ha escrito la misma persona. Y como lectores, sospechamos que es la misma doctora quien los ha escrito. Como lectores nos planteamos: si se ha tomado la molestia de escribir y publicar los libros, ¿cuánto tiempo lleva timando a mujeres como Maida? Mientras tanto, Maida ya ha encontrado su justificación para estancarse. No necesita hacer cambios porque el marido volverá. Es lo que quiere la mártir, no moverse. Según Ambika Wauters:

La posición de la Mártir puede estar atascada y atrincherada. Esto es debido a que el mártir cree verdaderamente que está haciendo lo correcto, incluso a expensas de su vitalidad y bienestar. Cree que el sacrificio es bueno para el yo.

En ningún momento desde su partida el marido le ha llamado, un dato bastante significativo. La doctora sabe darle la vuelta de tuerca con simpatía. Él está sufriendo lo suyo, le dice, no le llama porque le da vergüenza.

Maida acude a terapia durante semanas. Ha recobrado la calma y se siente mejor, se siente superior a la gente que tiene alrededor. La doctora le ha inoculado una falsa paz.

Y de repente, el marido llama, pero no para ver qué tal está, sino para recoger una maleta. Le da igual verla o no verla. Para la imaginación de Maida, sobrecargada además con las teorías de la doctora, recoger una maleta después de meses y meses sin llamar significa que el marido quiere volver al hogar.

La doctora no es tonta y sabe que, si Maida se lanza, su negocio se acaba. Le aconseja que no se ponga demasiado blanda ni indulgente y que no lo siga hasta el dormitorio.

Esta noche no vaya usted a perder la cabeza. Recuerde que este hombre ha hecho sufrir lo indecible a una de las criaturas más sensibles que he conocido en mi vida.

Maida le dice una frase, que es la que da título al cuento: *¡Guy Allen va a tragar sapos!*

Tragar sapos significa aceptar algo difícil. El sapo es un animal que piel viscosa y venenosa. La expresión significa tener que aceptar algo muy difícil de digerir.

A las nueve ella está preparada. El marido llega con el sombrero en la mano y se zafa de sus trampas. Ella se ofrece a guardarle el abrigo y el sombrero, pero él le dice que tiene prisa. Ha quedado con alguien en el club.

El diálogo entre ambos es rápido, ágil y bastante civilizado, pero ella le sigue poniendo pequeñas trampas de mujer tradicional.

Le pregunta sobre la comida, la comodidad, le hace caer en la cuenta de lo que se preocupa por la casa y lo bonito que está el apartamento. Es como si quisiera que echara de menos un hogar, no una relación. De todos modos, aunque a ella se le escapen ciertas actitudes a veces serviles, sabe comportarse con dignidad, gracias a los consejos de la doctora.

Consigue que el marido se siente a hablar y sale la clave de la separación. El marido le cuenta la causa: la manipulación de ella, la manipulación de la mártir.

—Porque dos personas no pueden pasarse la vida haciendo las mismas cosas año tras año, cuando solo a una de las dos le gusta hacerlas y, pese a eso, seguir siendo feliz —contestó él.

Hasta este momento los lectores no hemos conocido al marido, no hay ningún perfil psicológico de él en el cuento. Y eso es lo interesante, no hace falta ese perfil. El personaje marido está al servicio de la idea central: mostrar la actitud de mártir de su mujer. Pero cuando Allan le dice a Maida que ha sido manipulado durante sus años de matrimonio, que solo se ha hecho lo que ella ha querido, los lectores nos lo creemos. No hace falta describir al marido, con la descripción de la protagonista del cuento, su forma de ver el mundo y de relacionarse con los demás nos creemos los argumentos de él

El marido se va, pero antes echa por tierra la teoría de la doctora. Lleva seis años sintiéndose infeliz, mucho antes de cumplir cuarenta años. No hay causa biológica, no es por la crisis de los cuarenta. Cuando él se va, ella está desconcertada. No esperaba que aquello ocurriera de ese modo. Allan se va a ir a vivir bastante lejos y ella empieza a fantasear:

Cuando estuviera allá lejos, dando tumbos por las colinas de San Francisco, recobraría el buen juicio. Intentó fantasear un rato; él volvería a su lado, el cabello se le pondría gris de la noche a la mañana —la noche en que se diera cuenta del tormento de su locura— y el cabello gris no lo favorecería nada.

Y ocurre algo: Maida empieza a tragar su primer sapo:

No. Las fantasías no servían de nada.

El cuento termina con que va a llamar a la doctora, pero puede que algo haya empezado a cambiar en ella. Puede que empiece a darse su banquete de sapos.

Elección artística

Escribe una historia utilizando el arquetipo del mártir. Recuerda que el mártir renuncia a su bienestar. Aunque sea un poco sutil, no lo confundas con el perfil de la víctima. La víctima hace responsable a los demás de sus desgracias. El mártir se inmola, renuncia a su felicidad, bienestar y equilibrio para hacer felices a los demás. Su palabra clave es el sacrificio. Intenta manipular a los demás con la culpabilidad para que estén pendientes de él.

A veces en las familias se dan situaciones en la que uno de sus miembros renuncia a su bienestar personal o a su realización para sacrificarse por los demás. Eso ocurre, por ejemplo, en *Metamorfosis*, de Kafka.

También puedes escribir una historia en el que mártir se libere de su patrón y se convierta en el emperador o emperatriz de su vida.

Si no se te ocurre tu propia propuesta, puedes recurrir a estas ideas:

—Abandono de la pareja.

—Pérdida del trabajo.

—Un hijo o hija se va lejos.

—Un ascenso prometido nunca llega.

—Pérdida económica.

—Cerrar un negocio.

—Traición de las amistades.

Si te fijas bien en la técnica de Dorothy Parker, el relato comienza cuando la protagonista ha caído en desgracia, le ha pasado algo malo. A los lectores no nos interesan las causas de esa caída (aunque en el cuento hay un momento en que el marido da una explicación). Escribe a partir de la caída en desgracia de tu personaje, cómo se enfrenta o se estanca a la nueva situación.

Ánimo y buena suerte, recuerda que en tu interior hay un gran escritor y escritora que está siempre intentando salir a la luz.

Capítulo III
Propiedades de un sillón
Cortázar y la sonrisa inteligente

Vida de Cortázar

Julio Florencio Cortázar, Julio Cortázar, nació en Bruselas en 1914. Sus padres eran argentinos y residía en Bélgica por motivos laborales. Su nacimiento coincidió con la invasión alemana La familia logró entrar en Suiza, de ahí fueron a España y luego a Argentina.

Cuando el escritor tenía seis años, el padre abandonó a la familia y ya no volvieron a saber nada más de él. De pequeño leía tanto que en el colegio recomendaron a su madre que leyera menos y tomara más el sol.

Trabajó de traductor para la UNESCO. Fue el autor de una de las mejores traducciones que hay sobre el escritor Edgar Allan Poe. El éxito le vino sobre todo con su novela *Rayuela*.

Siempre estuvo muy comprometido socialmente. Donó los derechos de autor de algunas de sus obras para los presos políticos de países latinoamericanos. Fue un activista por los derechos humanos. En 1981 optó por la nacionalidad francesa en protesta por el régimen militar argentino. Formó parte del grupo de escritores del boom latinoamericano. Murió en 1981.

¿Qué es el boom latinoamericano?

Fue un fenómeno literario que se dio entre 1960 y 1970, formado por un grupo de escritores e intelectuales de países latinoamericanos que lograron un reconocimiento internacional para sus obras sin renunciar a sus raíces culturales. Las obras tienen una gran calidad literaria y utilizaron nuevas formas de escribir, como el realismo mágico. Debido también a la situación política latinoamericana de esos años están muy vinculadas a la protesta política. Además de Cortázar, destaca Gabriel García Márquez, Carlos Fuentes o Juan Carlos Onetti.

Historias de cronopios y de famas

Historias de cronopios y de famas fue escrita entre 1951 y publicada en 1960. *Propiedades de un sillón* es un relato que pertenece a este libro. Está formado por cuentos cortos y por fragmentos bastante imaginativos y surrealistas.

 A Cortázar le vino la idea de esta manera:

Una noche, escuchando un concierto en el Théâtre des Champú Hélices, tuve bruscamente la noción de unos personajes que se llamarían cronopios. Eran tan extravagantes que no alcanzaba a verlos claramente; como una especie de microbios flotando en el aire, unos globos verdes que poco a poco iban tomando características humanas.

El libro está dividido en cuatro partes:

—Manual de Instrucciones.

—Ocupaciones raras.

—Material plástico.

—Historias de Cronopios y de Famas.

En la última parte se inventa unos personajes a los que divide en cronopios, famas y esperanzas.

El relato *Propiedades de un sillón* pertenece a la tercera parte, *Material plástico*. Esta parte está formada por relatos breves que tratan sobre el mundo laboral y las actividades sencillas. Por ejemplo:

—Esbozo de un sueño.

—Historia con un oso blando.

—Tema para un lápiz.

—Propiedades de un sillón.

—Sabio con agujero en la memoria.

—Plan para un poema.

En general, en el libro encontramos historias muy breves y disparatadas. El autor nos ofrece nuevas alternativas de ver la realidad.

Resumen del cuento

En casa del Jacinto hay un sillón para morirse, el relato comienza con esa frase. El sillón tiene una estrella de plata en el respaldo y, cuando una persona se sienta en él, se muere. Los padres lo esconden para que nadie les pida prestado el sillón. Los niños, cuando los padres están descuidados, cometen la travesura de hacer que las visitas se sienten, y eso les da mucha risa. Después los padres les riñen.

Con el tiempo, los niños crecen y los padres envejecen. Estos últimos encierran el sillón en la sala porque le tienen miedo.

Elementos de Propiedades de un sillón

Tiene estos elementos importantes:

—Humor negro.

—Surrealismo.

—Sinécdoque.

—Simbolismo.

El humor negro

El relato Propiedades de un sillón pertenece al humor negro. La RAE lo describe así:

Humor negro

1. m. Humorismo que se ejerce a propósito de cosas que suscitarían, contempladas desde otra perspectiva, piedad, terror, lástima o emociones parecidas.

Por tanto, el humor negro y cierta crueldad o falta de empatía son conceptos que suelen ir juntos. El tema más recurrente en el humor negro es la muerte, aunque también suele tocar otros como la locura, la enfermedad, los abusos, el racismo, la pobreza, la guerra, la religión, la política o los problemas sociales, y siempre se presentarán de forma cómica. Uno de los precursores del humor negro fue Jonathan Swift con su obra *Una modesta proposición*, o Thomas de Quincey con *Del asesinato concebido como una de las bellas artes*. Según Peter Parker, en los relatos de humor negro los protagonistas suelen ser inflexibles, asociales, egoístas, sus acciones desproporcionadas y su escala de valores irracional. La mayoría de los protagonistas intentan convencer al lector de que todo lo que han hecho está justificado, no tienen remordimientos, minusvaloran la tragedia y exageran sus prioridades. En los relatos de este género suele haber un muerto o más Más o menos estas son las directrices comunes. Pero hay relatos que tienen parcialmente humor negro o que aparece más dosificado. Por ejemplo, en *Propiedades de un sillón* esa crueldad de humor negro está muy mitigada porque quienes llevan a la muerte a los personajes son los niños por divertirse, más por inconsciencia que por crueldad. En el relato de Gabriel García Márquez, *El ahogado más hermoso del mundo*, hay una parte de humor negro que procede también de la inconsciencia. Los niños se encuentran un cadáver en la playa y juegan a enterrarlo y desenterrarlo.

Los primeros niños que vieron el promontorio oscuro y sigiloso que se acercaba por el mar, se hicieron la ilusión de que era un barco enemigo. Después vieron que no llevaba banderas ni arboladura, y pensaron que fuera una ballena. Pero cuando quedó varado en la playa le quitaron los matorrales de sargazos, los filamentos de medusas y los restos de cardúmenes y naufragios que llevaba encima, y solo entonces descubrieron que era un ahogado. Habían jugado con él toda la tarde, enterrándolo y desenterrándolo en la arena, cuando alguien los vio por casualidad y dio la voz de alarma en el pueblo.

Gabriel García Márquez, *El ahogado más hermoso del mundo*

Surrealismo
El surrealismo busca reflejar el funcionamiento del subconsciente prescindiendo de cualquier control racional y sin intervención de la razón. Los mismos surrealistas lo definieron así:

Surrealismo: "sustantivo, masculino. Automatismo psíquico puro, por cuyo medio se intenta expresar, verbalmente, por escrito o de cualquier otro modo, el funcionamiento real del pensamiento. Es un dictado del pensamiento, sin la intervención reguladora de la razón, ajeno a toda preocupación estética o moral."

Filosofía: "El surrealismo se basa en la creencia de una realidad superior de ciertas formas de asociación desdeñadas hasta la aparición del mismo, y en el libre ejercicio del pensamiento. Tiende a destruir definitivamente todos los restantes mecanismos psíquicos, y a sustituirlos por la resolución de los principales problemas de la vida.

En *Propiedades de un sillón* hay un elemento surrealista y a la vez fantástico. Hay un sillón donde la gente, cuando se sienta, se muere. En vez de decir que el sillón es mágico, esa palabra no aparece en todo el texto, lo que dice es que tiene una estrella de plata (que es un símbolo mágico). De esa manera consigue que un mueble, que suele haber en las casas, se convierta en una especie de patíbulo o lugar de ejecución. El lector puede llegar a preguntarse qué pasaría si eso fuera verdad, si un día al hacer una visita y sentarse en un sillón, no volviera a levantarse. Por esa razón Cortázar juega con los miedos de los lectores, sobre todo con el miedo a la muerte y a que esta sorprenda de forma desprevenida.

La sinécdoque

La sinécdoque es una figura retórica por la que se muestra la parte por el todo o el todo por la parte.

Utilizamos continuamente sinécdoques en nuestra vida cotidiana: *tiene tres bocas para alimentar, vinieron los bomberos (unos cuantos, no todos), le llegó la oportunidad en bandeja de plata (con facilidad), nació con un pan bajo el brazo (nació con mucha suerte) ...*

La sinécdoque narrativa consiste en utilizar un objeto que representa el tema que realmente el escritor quiere contar.

En este relato la sinécdoque se utiliza como la parte por el todo. Se designa a una idea por un detalle. Algo o un objeto simboliza una idea más amplia, es la parte que oculta un todo. El sillón oculta la muerte. El sillón es un objeto, y la muerte, el tema del cuento.

El simbolismo en este cuento

Bajo esa apariencia de cuento entretenido y surrealista, en este cuento hay un excelente manejo de los símbolos que trabajan de forma intuitiva sobre nuestro subconsciente.

La estrella:

Según una creencia popular todos estamos unidos al más allá por medio de una estrella de plata que a su vez tiene un cordón de plata.

La estrella simboliza la verdad, el espíritu y la esperanza. En el tarot es un arcano mayor y se le adjudica al número diecisiete. Por ser nocturna y luminosa, representa la lucha contra las fuerzas oscuras.

En el relato se habla de una estrella plateada, no especifica qué tipo de estrella es. Pero la mayoría de los vídeos y películas que hay sobre *Un sillón para morirse*, utiliza una estrella de cinco puntas. Eso indica que la imaginería colectiva le coloca ese tipo de estrella, aunque la flor del jacinto tienes seis pétalos.

La estrella de cinco puntas o pentáculo puede utilizarse tanto para el bien como para el mal. Boca arriba es el símbolo de la brujería, de los pitagóricos, de los ángeles y de la sabiduría. Boca abajo es la adoración a Satán, y también, el simbolismo de algunos grupos musicales y subgéneros del heavy metal. Está asociado con la manzana ya que sus semillas forman una estrella de cinco puntas. Si se encierra en un círculo, simboliza la unión del espíritu con el universo, la alquimia y la magia.

El hexagrama, la estrella de seis puntas o de David, representa la interacción entre lo divino y lo terreno.

El septagrama representa el misticismo, los siete planetas y los chakras. A la estrella de ocho puntas se le llama estrella de Salomón, spica, rosa de los cielos… El número ocho representa a la diosa y a las ocho fechas mágicas del año y, por tanto, a la creación y nacimiento y a la muerte. Y se podría continuar y describir estrella por estrella. Lo que nos interesa aquí es que la imaginación popular la ha convertido en un pentáculo.

Plata:

La plata es un metal mágico, representa a la Luna y, por tanto, a la noche, al espejo, al agua, las emociones, la magia, lo original, lo extravagante y lo intelectual. Es mediadora entre el cielo y la tierra. En el tarot, la Luna es la carta número dieciocho, representa las fuerzas ocultas y el subconsciente.

También puede representar las trampas y la codicia. En el relato, los niños ponen trampas a las visitas. Y, dejando volar la imaginación, hay muchos motivos por los que alguien desee la muerte de una persona, uno de ellos podría ser la codicia.

Los alquimistas llamaban a la plata el metal Luna o Diana, lo relacionaban con la luna creciente. La Luna nueva simboliza a la diosa Hécate y a la muerte. El color plata se relaciona con lo femenino, con el mundo espectral y con el más allá. Se cree que los utensilios punzantes de plata espantan a los malos espíritus y a criaturas negativas como los vampiros.

Sillón:

Es un mueble donde una persona se acomoda. Soñar estar sentado en un sillón puede ser una situación placentera, puede simbolizar bienestar. En lo negativo, una persona se acomoda demasiado y prefiere ver pasar la vida que vivirla.

Jacinto:

Es el único nombre propio que aparece en el texto. Hace alusión a la resurrección y al mito de Jacinto. El dios Apolo, al lanzar un disco, mata sin querer a su amante Jacinto. Inmediatamente lo hace renacer en la flor del Jacinto. En Esparta durante el verano se celebraban *las jacintias*, unas fiestas que duraban tres días. El primero se lloraba la muerte del héroe. Durante los otros dos días se celebraba su resurrección.

Análisis del cuento

El relato habla de la muerte desde el punto de vista mágico. Es un sillón que tiene propiedades mágicas, ya que la gente, cuando se sienta, se muere. Está tratado desde el humor negro.

No se cuenta por qué el sillón es mágico y tiene esas propiedades. El cuento parte de una idea de lo absurdo. La situación disparatada aparece desde el primer momento como algo normal y no nos explican a los lectores cómo ha llegado ese sillón a casa del Jacinto ni por qué tiene las propiedades de hacer que la gente se muera. El elemento absurdo, el sillón, se mete en lo cotidiano, en el salón de una casa normal y, a partir de ahí, observamos las distintas actitudes de los personajes hacia la muerte.

En este cuento la muerte no es algo heroico ni sublime, es parte de la vida cotidiana. Produce palizas antes de acostarse, situaciones embarazosas de los adultos, miedos y demás.

En casa del Jacinto hay un sillón para morirse. — Así comienza el cuento. Esto implica un comienzo coloquial. El narrador parece una persona cercana, un conocido que está contando un chisme.

Este sillón tan importante, el eje de la trama, no tiene ninguna descripción en el relato. No conocemos el color, ni la forma, solo el detalle de la estrella. El sillón representa una situación actual y la habitación, el salón, representa la parte más social de la casa.

Hay luego algo sospechoso: *Cuando la gente se pone vieja, un día la invitan a sentarse en el sillón,*

Hay cierta reticencia al principio para sentarse en el sillón, pero al final la persona suspira y se sienta. Con lo cual, parece que el sillón sirve para aplicar la eutanasia y que hay una reducida comunidad de personas, entre ellas el narrador, que conoce las propiedades de este sillón. Los vecinos, en cambio, no están enterados.

Las visitas que van a la casa conocen las propiedades del sillón. Por eso cuando los niños juegan a intentar que se sienten *se excusan con palabras que nunca se emplean cuando se habla con los chicos, cosa que a estos los regocija extraordinariamente.*

De esta manera, Cortázar utiliza la ironía, ya que se supone que las visitas utilizan palabras fuertes e insultos delante de los niños.

Luego hay situaciones cotidianas. Cuando los niños han hecho una gran travesura, hay grandes palizas antes de acostarse y aun así no escarmientan. Hacer morir a alguien se califica como una travesura, lo que es algo cruel.

Los padres no quieren que se enteren los vecinos de las propiedades del sillón, no porque los vecinos se vayan a enfadar, o porque censuren que tengan un mueble con esas características en el salón y al alcance de todos, sino porque temen que le encuentren una finalidad práctica e inviten a sentarse a sus visitas. Temen una utilización no controlada del sillón.

Cuando los hijos son niños, se ríen de lo que hace el sillón. Tienen un concepto de la muerte diferente de los padres. Es divertido y lúdico hacer morir a la gente. Cuando crecen y entran en otra etapa de la vida, se supone que la juventud, dejan de interesarse por el sillón y, por tanto, por la muerte, que en ese momento ni se la plantean. No quieren pensar en ella, puesto que dan una vuelta por el patio para no acceder a la sala donde está el mueble. Pero son los padres los que, ya mayores, tienen miedo al sillón. Cierran la sala y se aseguran de que siempre esté ahí.

Por tanto, el cuento habla sobre un tabú, la muerte y la forma de enfrentarse a ella según las edades. Los padres, cuando envejecen, acaban desconfiando de sus hijos. Tienen miedo de que les intenten quitar de en medio. Son viejos, pero quieren seguir viviendo. Esos mismos padres que en su edad madura invitaron a sentarse al sillón a la gente vieja para que se muriera, no quieren morirse cuando ellos lo son. En ese sentido hay otro toque de humor negro, el egoísmo de los personajes.

La estrellita de plata, la conexión con el más allá, brilla y se puede ver desde cualquier sitio del comedor.

La estructura del relato

Es muy sencilla. Hay una segunda historia sumergida, la de la muerte, o, más que la muerte, cómo enfrentarse a ella. La historia superficial es que Cortázar cuenta la historia de una familia que tiene en su casa un sillón con propiedades mágicas. Narra como algo normal las visitas, las travesuras de los niños, intentar que los vecinos no se enteren de los chismes familiares y la sospecha final de que los hijos empiecen a ver a los padres como un estorbo. Bajo esa historia superficial está el tema de la muerte y de la vejez. En muy pocas líneas el escritor ha contado una evolución.

Los personajes

No tienen nombre propio, excepto Jacinto. Se les denomina como los padres, las visitas, los chicos, los vecinos y el sillón. Excepto este último, el resto actúa como personajes colectivos, representan a un grupo. Aunque a veces hay alguna singularización de los personajes. Por ejemplo, cuando los chicos intentan que se siente una visita y esta se enfada, quien se da cuenta es solo la madre. O el personaje colectivo de las visitas se desglosa en una visita cándida cuando logran que se siente en el sofá.

El espacio

Es muy sencillo. Prácticamente se desarrolla en dos lugares en la sala y el comedor. En algún momento se menciona el patio, porque hay que dar una vuelta por ahí para llegar al comedor cuando la sala queda clausurada. La sala en una casa simboliza lo social. Por tanto, se puede decir que los padres cuando llegan a la vejez clausuran su vida social. Y que esa parte de los momentos relajados en las familias, como es sentarse en un sillón o sofá toda la familiar después de la cena, se la están perdiendo. El hecho de haber invitado a gente a morirse al principio del cuento, en cierto modo les hace pagar un precio en la vejez, el de la desconfianza para que no les hagan lo mismo que ellos han hecho a esa gente.

El estilo

El lenguaje no tiene adornos. No hay descripción de los personajes, exceptos los vínculos entre los habitantes de la casa. Padres, hijos, visitas, gente… No hay adjetivos apenas. Los adjetivos que hay son necesarios, la visita cándida, la puerta cerrada, son especificativos. No hay frases bellas, ni bellas metáforas. Solo la ironía de las palabras que dicen los adultos cuando los chicos les invitan a sentarse. Es un estilo muy sencillo y muy claro. La complejidad está en esa segunda historia más profunda.

El tiempo

Abarca una gran extensión. En muy pocas líneas pasan muchos años. Desconocemos la edad de los padres, pero sabemos que tienen hijos pequeños. Desde ahí evolucionan a viejos. El tiempo está marcada no porque se nombren años o meses, sino por el crecimiento de los personajes.

Entre tanto los chicos van creciendo y llega un día en que sin saber por qué dejan de interesarse por el sillón y las visitas.

No sabemos qué edad alcanzan los hijos, pero es la necesaria para que la muerte les dé respeto, ya no es un juego.

En cuanto al ritmo, también es muy rápido. Es un ritmo en el que las escenas aparecen resumidas:

Al final las visitas se valen de cualquier pretexto para no sentarse, pero más tarde la madre se da cuenta de lo sucedido y a la hora de acostarse hay palizas terribles.

Y ese resumen hace que el ritmo avance a gran velocidad. Se puede aprender mucho de la economía de este relato. No hay descripción ni de la sala, ni de los personajes, ni del sillón (excepto la estrellita de plata), ni de los niños. Al autor no le interesa describirnos ese mundo, porque lo que quieres relatar es la actitud de las personas frente a la muerte. Y, a pesar de la falta de descripción, visualizamos las escenas y a los personajes. Se trata el tema de la muerte de forma lúdica e irónica.

Elección artística

Espero que te haya gustado y hayas disfrutado con este relato y con este tema.

Ahora te toca a ti intentar escribir como el maestro Cortázar. Recuerda que dentro de ti hay un gran escritor o escritora que está deseando manifestarse.

Si quieres, puedes escribir algo utilizando la sinécdoque, la parte por el todo.

Por ejemplo:

—Un anillo que simboliza un compromiso. Puedes contar una historia de amor o desamor a través de un anillo: si se pierde el anillo, si se guarda en un sillón, si no se tiene aprecio por él… Puede contar mucho sobre una relación.

—Un coche o una casa que simbolizan la extensión de la personalidad de quien lo conduce o quien vive en ella.

—Un traje o vestido de fiesta: podrías indicar cómo es la vida social de un personaje a través de un traje de fiesta. Por ejemplo, una mujer de vida social muy activa se queda embarazada. A partir de ahí a lo mejor ya no utiliza ese traje de fiesta. Un hombre que tiene una gran vida social y que, de repente, deja de usar el traje. Podría ser por falta de estabilidad económica, por timidez, porque alguien lo ha dejado… O lo contrario, un traje de fiesta en el armario que empieza a ser usado por su dueño o dueña.

—Una pistola guardada en un armario. La pistola podría representar violencia, protección, asesinato, miedo a tener que utilizarla, miedo de uno mismo, miedo de los demás…

También puedes atribuir a estos objetos unas cualidades mágicas. Por ejemplo:
—El anillo mágico vincula a una persona con otra. O, como en *El señor de los anillos*, el anillo da un poder a quien lo tiene. Por eso, cuando una persona pasa por una situación determinada, le pide el anillo prestado a su dueño.
—El traje o vestido de fiesta: le puedes atribuir la propiedad mágica de que, cada vez que se pone alguien la prenda, comienza con una gran vida social. De manera que, si una persona quiere hacer muchos amigos, o conocer a gente de un determinado ámbito, del mundo del cine, de la empresa… el traje de fiesta le abre puertas.

Recuerda que, si le atribuyes una propiedad mágica al objeto, no tienes que explicarlo. Cortázar mete un sillón en el que la gente se muere sin dar ninguna explicación científica y lo introduce en el marco de una realidad cotidiana.

O Puedes coger el símbolo que tú quieras y te inventes.

Y, sobre todo, recuerda que la mejor manera de aprender es disfrutando. Por tanto, disfruta escribiendo.

CAPÍTULO IV
Colinas como elefantes blancos
Hemingway y la elipsis

Biografía

Ernest Miller Hemingway nació en Oak Park (Illinois) el 21 de julio de 1899. Era el segundo hijo de una familia de seis. Su padre era médico y le gustaban la caza y la pesca, y su madre tenía estudios de música. Siempre mostró mucho interés por los deportes. Desde pequeño pescaba y cazaba, algo que más tarde se reflejaría en sus historias.

Su padre quería que fuera a la universidad y su madre que cursara estudios de música, pero él empezó a trabajar como reportero en octubre de 1917 en el *Kansas City Star*.

En la Primer Guerra Mundial consiguió que lo admitieran como conductor de ambulancias de la Cruz Roja. Fue gravemente herido y en el hospital de Milán se enamoró de una enfermera. Le pidió en matrimonio, pero nunca se casó con ella. En 1922 se casó y se fue a vivir a París. Allí toma contacto con los escritores de la Generación Perdida: Gertrude Stein, Ezra Pound, F. Scott Fitzgerald y James Joyce. El éxito como escritor le llegó con *Fiesta* en 1925. A partir de ahí su fama fue en aumentando.

Cuando estalla la Guerra Civil en España, viajó a España a luchar en el bando republicano. Como consecuencia de esas experiencias escribió una de sus mejores novelas, *Por quién doblan las campanas*. Durante la Segunda Guerra Mundial luchó al lado de los aliados. En 1954 ganó el Premio Nobel de Literatura.

En 1961 murió con un tiro en la cabeza. Se dedujo que era un suicidio, aunque no dejó escrita ninguna carta. Tenía problemas con el alcohol y le habían diagnosticado la enfermedad de Alzheimer.

Argumento del cuento

El cuento podría resumirse así:

Un chico y una chica, llamada Jig, mantienen una conversación aparentemente trivial, se contestan con frialdad el uno al otro y no estallan ni discuten. Los personajes evitan hablar de temas importantes, utilizan frases evasivas y disimulan. No cuentan sus verdaderos sentimientos, pero sus gestos sí lo hacen. Bajo esos comentarios tan triviales subyace una gran tensión.

Colinas como elefantes blancos

El cuento comienza con una descripción del lugar lacónica y sobria. La primera frase ya hace referencias a las colinas blancas, que más tarde la protagonista las comparará con elefantes blancos, y será el símbolo y el título del cuento:

Del otro lado del valle del Ebro, las colinas eran largas y blancas. De este lado no había sombra ni árboles y la estación se alzaba al rayo del sol, entre dos líneas de rieles.

La acción se desarrolla en la estación situada en mitad del Valle del Ebro. En un lado las colinas son secas y estériles; en el otro, el paisaje es fértil, lleno de árboles y campos de trigo.

Ese paisaje sin árboles y sin sombras, tan expuesto al calor, es una proyección del estado anímico de los personajes, de la aridez y el agobio que están sintiendo. Un paisaje donde no pueden escapar del calor.

El tren expreso llegará en cuarenta minutos. Cinco minutos antes de que llegue el tren, el cuento terminará. Por tanto, sabemos que toda la acción transcurre en tan solo treinta y cinco minutos.

Respecto al lenguaje es muy sobrio y familiar. Por medio de las repeticiones, alusiones al futuro y silencios, el autor nos cuenta el estado anímico de ellos. En literatura, las alusiones al futuro se llaman prolepsis.

El narrador es la voz que nos va contando la historia. A veces ese narrador se identifica con un personaje, otras veces, no. El narrador omnisciente es aquel que lo sabe todo, incluso se mete en el interior de los personajes para contarnos qué piensan. Pero el que utiliza Hemingway en este cuento es el objetivo. Nos muestra los signos externos y por medio de ellos, sobre todo por el comportamiento de los personajes, deducimos los sentimientos por sus gestos y por su forma de comportarse. La pareja discute, aparentemente por detalles nimios. No hablan de temas importantes ni de la relación, pero están irritados y, a la mínima, salta el reproche.

En cuanto empieza el cuento, enseguida hay un breve diálogo muy trivial. El chico americano, la chica y la mujer del bar aparecen en la historia. Es un diálogo directo, hablan los personajes, y su forma de hacerlo es rápida, concreta y sin adornos. La chica es quien lleva la iniciativa:

—¿Qué tomamos? —preguntó la muchacha. Se había quitado el sombrero y lo había puesto sobre la mesa.

—Hace calor —dijo el hombre.

—Tomemos cerveza.

—Dos cervezas —dijo el hombre hacia la cortina.

—¿Grandes? —preguntó una mujer desde el umbral.

—Sí. Dos grandes.

Beben las cervezas y la chica norteamericana, que aún no tiene nombre en este momento del relato, mira las colinas blancas. Lleva otra vez la iniciativa en el diálogo y hace una observación: *Parecen elefantes blancos.* A partir de entonces, la pareja solo se cruzan cuatro frases bastante triviales, pero ya sabemos que la situación de la pareja no es buena. Por una simple observación sobre el paisaje se entrecruzan reproches.

Las colinas blancas simbolizan la preñez de la tierra. Los elefantes en el cristianismo simbolizan la castidad. La madre de Buda tuvo un sueño con un elefante blanco, en el budismo significa la pureza y el conocimiento. Pero en la tradición norteamericana el elefante blanco simboliza una carga financiera e indeseada por parte de su propietario. Es un símbolo con un doble significado. Es un indicio de que algo es una carga para alguno de los dos personajes principales.

Las cortinas de cuentas cubren la entrada al bar. Algunos críticos han relacionado las cuentas de la entrada como las cuentas del rosario. El umbral simboliza pasar de un mundo a otro. A pesar de que hace calor, la chica no cruzará el umbral para entrar en todo el cuento. Solo la mujer del bar será la mensajera entre los dos mundos: las mesitas colocadas en el exterior, en la estación, y el mundo del interior del bar que solo conoceremos cuando al final el norteamericano lo atraviese.

La estación, el tren y las vías son también indicios en el relato. El autor ha escogido un escenario que habla de viaje, de cambio en el destino. Coger un tren puede ser interpretado como escoger nuevas oportunidades o nuevos caminos en la vida. El norteamericano quiere coger el tren, y ella está en la estación porque lo va a coger, pero de forma desganada. El viaje simboliza lo nuevo y la aventura, pero es una aventura que ella no quiere vivir. Coger un tren también simboliza tomar nuevas decisiones, cambiar el destino, deseos de abandonar y dejar atrás la situación actual.

La chica comienza un nuevo diálogo y distingue una forma pintada sobre la cortina de cuentas. Ella no lo lee con claridad, probablemente no sabe español. Ha visto con claridad las colinas, que nos recuerdan a los elefantes y los embarazos, pero tiene dificultad para leer este otro símbolo. Enseguida el chico dice que está escrito Anís del toro (Anís del Toro y no Anís del mono). Otra vez otra referencia a otro animal, un animal que simboliza la virilidad.

La chica lleva la iniciativa de nuevo y pregunta si pueden probar la bebida anunciada, el anís. Está abierta a las nuevas experiencias. Enseguida el norteamericano encarga dos. En un diálogo muy rápido, la mujer del bar, la portadora entre los dos mundos, les da el anís con agua. Hay una omisión de la descripción de los acontecimientos. Si se pide algo, hay que traerlo. Pero en este breve diálogo Hemingway se salta la entrada y salida de la mujer del bar.

La chica lo prueba y dice que sabe a orozuz (regaliz). Es un sabor que no le termina de gustar, porque en el fondo ella no está receptiva para probar cosas nuevas o, por lo menos, para lo nuevo a lo que se tiene que enfrentar en ese momento. Lo pide para romper la tensión que hay en la pareja. E insiste:

—Sí —dijo la muchacha— Todo sabe a orozuz. Especialmente las cosas que uno ha esperado tanto tiempo, como el ajenjo.

Para nuestra sorpresa ese comentario aparentemente inocuo, produce un rechazo por parte del americano. Se intercambian una serie de reproches. Sin llegar la sangre al río, sabemos que está crispada. La muchacha dice que ella estaba intentando divertirse.

—Quise probar esta bebida. Eso es todo lo que hacemos, ¿no? ¿Mirar cosas y probar bebidas?

Le está echando en cara que solo hacen cosas triviales, al fin y al cabo, es lo que él quiere: divertirse, mirar cosas y probar bebidas. Toman otra cerveza. En menos de cuarenta minutos han probado una cerveza, Anís del Toro y otra cerveza. Y a lo largo del relato, en el que transcurren treinta y cinco minutos, beberán más. Y en este momento es cuando Hemingway nos enseña la punta del iceberg:

—En realidad se trata de una operación muy sencilla, Jig — dijo el hombre—. En realidad, no es una operación.

Hemingway decía que, para escribir un cuento, el autor tenía que conocer a la perfección toda la historia. Pero solo tiene que mostrar una parte al lector. A esto se le llama la teoría del iceberg. *(...) siempre intento escribir con el principio del iceberg. Hay siete octavas partes bajo el agua por cada parte que muestra. Todo lo que uno sabe que puede eliminar solo refuerza el iceberg, es la parte que no muestra nada.*

Ernest Hemingway

De esa manera el lector participa en la historia y se esfuerza en saber qué está pasando.

Para que la técnica del iceberg sea posible, hay que utilizar la elipsis. La elipsis consiste en omitir información necesaria para que avance la trama.

El diccionario describe la elipsis de esta forma:

La elipsis es una técnica narrativa y cinematográfica.

Técnica narrativa y cinematográfica que consiste en la supresión de algún acontecimiento dentro de la linealidad temporal del relato o la historia.

La elipsis en este relato, la omisión de la información, se basa en que están hablando de un aborto, pero nunca se pronunciarán las palabras embarazo ni aborto ni bebé en el relato. El aborto también es una metáfora sobre el futuro de la relación: se acabará. El americano sigue hablando. Solo será una operación para que entre el aire. La operación será físicamente sencilla, pero ya adivinamos que, para Jig, es una decisión dura. Para él no existe el impacto psicológico que tendrá en ella, solo existen los cambios físicos. En cuanto la operación se realice, todo volverá a ser como antes.

— Estaremos bien después. Igual que como estábamos.

— ¿Qué te hace pensarlo?

— Eso es lo único que nos molesta. Es lo único que nos hace infelices.

Pero ella sabe que no va a ser como antes. Algo ha cambiado. El aborto, la operación sencilla según el americano, la cambiará. Él la apoyará en cuanto a acompañarla y estar junto a ella, pero no es el tipo de apoyo que ella quiere en este momento.

Vuelven a tener otro diálogo. En ningún momento se pronuncia la palabra aborto. Pero todos sabemos que la pareja está constantemente refiriéndose a ese tema.

Él le da otra opción: si no quiere, que no lo haga. Pero ella sabe que se lo dice de mala gana.

A continuación, Jig camina hacia el paisaje fértil, hacia el río, los árboles y las montañas. En los cuentos de Hemingway el paisaje habla, las breves descripciones del paisaje son indicios que nos cuentan lo que está ocurriendo. Las montañas o colinas podrían interpretarse como símbolos de la Tierra embarazada. El relato ha comenzado hablando del paisaje. Recordemos el principio del relato, estas son las dos primeras frases:

*Del otro lado del valle del Ebro, las colinas eran largas y
blancas. De este lado no había sombra ni árboles y la estación se
alzaba al rayo del sol, entre dos líneas de rieles.*

Las colinas son largas, su forma recuerda al de un embarazo. A un
lado de la estación la tierra es yerma y sin árboles. En el otro
lado, donde están las colinas, la tierra es fértil y está preñada de
vida y cosechas, recuerda al embarazo. La tierra yerma se puede
interpretar como la perspectiva de Jig, como piensa ella que se va
a sentir después de la operación, el paisaje es un reflejo de su
estado anímico y, de paso, de la relación de pareja. Que la
estación se sitúe entre las dos tierras es muy simbólico, una forma
de hablar de que en ese momento ella está entre dos elecciones
importantes.
El cuento continúa, ella camina hacia la tierra fértil.
*La muchacha se puso en pie y caminó hasta el extremo de la
estación. Allá, del otro lado, había campos de grano y árboles a
lo largo de las riberas del Ebro. Muy lejos, más allá del río,
había montañas. La sombra de una nube cruzaba el campo de
grano y la muchacha vio el río entre los árboles.*

El grano, la fertilidad, está muy presente y cercano. Las
montañas, el embarazo están lejanos, y una nube produce sombra
sobre los campos de grano hasta el momento soleados.
En un momento determinado pudieron ser felices, pero ya no
pueden serlo, porque hagan lo que hagan, se someta o no al
aborto, ambos tienen actitudes diferentes frente al embarazado de
ella. Y aunque aún no se haya sometido a la operación, ya todo se
ha roto.
— Podemos tener todo el mundo.
— No, no podemos.
— Podemos ir adonde quieras.
— No, no podemos. Ya no es nuestro.
Él está haciendo alusión de que la vida será igual después de la
operación, no se pierde nada en el camino. Se supone que ella
podrá tener hijos más adelante y no habrá pasado nada, pero no se
entienden. A ella le importa el embarazo de ese momento.

El americano sigue con su retahíla.
— *No quiero que hagas nada que no quieras hacer…*
— *Ni que no sea por mi bien — dijo ella—. Ya sé.*

Pero ella sabe, o por lo menos piensa, que son palabras huecas. Se las ha repetido varias veces, y ella no puede más. Le pide que cierre la boca, le dice que quiere gritar. No soporta el doble juego de él, por un lado, diciéndole que hará lo que ella quiera, pero, por otro, deseando que realice el aborto.
Él quiere que todo vuelva a ser como antes. La mujer del bar les avisa que el tren llegará en cinco minutos. Se supone que lo dice en español y que Jig no lo ha entendido. El viaje también simboliza emprender algo nuevo, la búsqueda de la identidad. Algo va a partir.
Por primera vez él cruza el bar y el narrador nos introduce en el bar donde la gente bebe mientras espera el tren. Él pide anís (Anís del Toro) y se lo toma. Él también está viviendo una gran tensión. No quiere el cambio, quiere que las cosas vuelvan a ser como antes, pero no lo serán. Las transformaciones en el cuerpo de ella son paralelas a los cambios internos y también a los cambios en la relación.

El cuento entronca con el mito de Perséfone. Perséfone es la doncella que vive tranquilamente con su madre Deméter sobre la tierra. Un día, el dios del inframundo, Hades, la ve, la secuestra y se la lleva al interior de la tierra. Perséfone sufre en la oscuridad del interior de la tierra. Su madre, la diosa de la vegetación y la agricultura, la busca, adivina dónde está y exige a los dioses que venga del inframundo. Madre e hija se reúnen. Pero Perséfone ha cambiado: en el inframundo ha tomado comida del mundo de los muertos. Por tanto, en invierno tendrá que vivir en el inframundo como esposa de Hades. Y durante la primavera y el otoño vivirá sobre la tierra con su madre.
El mito hace referencia a los procesos oscuros y traumáticos que en algún momento de la vida podemos sufrir, y a la pérdida de la inocencia de una forma brusca. Se refiere, sobre todo, cuando una persona no está preparada para asumir un cambio de situación

doloroso que le viene desde fuera, marcado por las circunstancias externas y el destino.

En el cuento también está muy presente a través de las descripciones del paisaje la fuerza de Deméter, la diosa de la agricultura, del grano, de las cosechas, el arquetipo de la Gran Madre.

Jig, en este momento de la historia, está atrapada en su inframundo. Se están gestando en ella grandes cambios. Cuando salga de su infierno, ella será una persona distinta y dejará atrás su pasado.

Elección artística

Escribe un relato sobre un conflicto. Dos personajes están hablando o discutiendo sobre algo, pero deben omitir las palabras claves. Por ejemplo, si hablan sobre cómo organizar una mudanza, nunca aparecerá la palabra mudanza, nueva dirección o cambio

O si hablan sobre una ruptura de pareja, los personajes no podrán utilizar palabras como cortar o romper.

Lo importante es que intentes escribir una historia omitiendo las palabras esenciales.

El conflicto no tiene que ser siempre algo negativo o traumático, como en el cuento de Hemingway. Se puede referir a la confrontación de los distintos personajes, las distintas ideas que tienen sobre un asunto. Si ya se te ha ocurrido una idea propia para escribir el relato, estupendo. Si no, aquí tienes algunas sugerencias:

—Un estudiante quiere dejar una carrera para estudiar otra que le gusta más, pero que tiene menos salidas. Uno de sus progenitores o su pareja no quiere que deje esa carrera.

—Una pareja van a comprar una casa en común, pero no se ponen de acuerdo. Es conflicto es que uno de los dos se siente manipulado porque siempre tiene que ceder ante los deseos de la otra persona, pero en algo tan importante como la compra de una casa no quiere dar su brazo a torcer.

—Unos amigos discuten porque uno de ellos piensa que el otro no le ha apoyado en un momento difícil.

Y recuerda siempre que dentro de ti vive una gran escritora o escritor. ¡Despiértalos!

CAPÍTULO V
La perfecta señorita, de Patricia Highsmith
El personaje psicópata adaptado a la sociedad

Mary Patricia Plangman nació en Fort Worth, Texas (Estados Unidos) en 1921. Su madre, cuando estaba embarazada de Patricia, intentó abortar varias veces bebiendo aguarrás. Su padre las abandonó antes de que ella naciera y, durante su vida, tuvo una relación bastante problemática con su madre, Mary Coates, y con su padrastro, Stanley Highsmith, de quien tomó el apellido.

Fue una persona bastante solitaria. Muchas de sus novelas fueron llevadas al cine por Hitchcock como *El talento de Míster Ripley* o *Extraños en un tren*. Trabajó sobre todo el género del suspense.

Desde pequeña fue una lectora voraz. A los ocho años leyó el libro *La mente humana,* de Karl Minninger y se quedó tan impresionada que, cuando comenzó a escribir, se inspiró en la psiquiatría para crear sus personajes literarios. Murió en 1995.

Es una autora bastante misógina, pero eso no afectó a su fama, ya que la misoginia estuvo bastante normalizada hasta finales del siglo XX. Era una época en la que los diccionarios definían a la misandria como odio morboso hacia el hombre y a la misoginia como odio a la mujer, sin el adjetivo morboso.

El relato basado en un perfil psiquiátrico

El relato *La perfecta señorita* es uno de los que componen el libro *Pequeños relatos misóginos. La perfecta señorita* está escrito con un perfil psiquiátrico: la figura del psicópata. En este caso, la psicópata.

Nos presenta la figura de la asesina en serie, una asesina adaptada a la sociedad, a la rutina y a la vida normal, y alejada de los clichés y tópico sobre el asesino solitario y asocial.

Desde el punto de vista psiquiátrico, los psicópatas tienen estas características:

—Son manipuladores.

—Saben engatusar y ser encantadores cuando les conviene. Se ganan la confianza ajena.

—Son narcisistas.

—Desprecian y cosifican al prójimo. No sienten empatía.

—Mienten de forma patológica para salirse con la suya.

—No establecen vínculos a largo plazo.

—Prefieren vivir a costa de los demás. La codicia suele ser uno de sus mayores móviles en su vida.

—Tienen un nivel de frustración muy bajo.

—No sienten miedo ni culpa ni vergüenza. Tienen la sensación de que todo les está permitido.

—Contestan de forma descomunal a una supuesta ofensa o agravio.

—Son irresponsables.

—Son envidiosos. Suelen apropiarse de las ideas de los demás.

—O estás con ellos o están contra ti.

—Son banales y superficiales. Gente que habla de poesía, cine o arte, pero no tiene un conocimiento muy profundo.

—No suelen destacar en el campo intelectual o creativo, ya que sus objetivos suelen ser otros.

—Existen muchas teorías sobre su inteligencia. En el pasado se les consideraba personas muy inteligentes, pero los nuevos estudios han descartado esta idea. Son bastante diestros para las intrigas porque invierten en ellas mucho tiempo y energía.

Estas características las volveremos a repetir después de analizado el cuento, de esa manera veremos cómo el personaje principal es una psicópata.

La perfecta señorita

Para describirnos este tipo psicológico, la autora utiliza un narrador omnisciente. Es un narrador que lo sabe todo, conoce lo que ha ocurrido, los pensamientos e ideas de los personajes, pero no lo muestra de forma tan explícita como los narradores de siglos anteriores. Hace juicios, da opiniones, pero realiza una elipsis en el relato, no da toda la información de forma fácil al lector. Algunos críticos lo clasifican como narrador omnisciente limitado.

El narrador nos va mostrando la vida de Theodora o Thea. En muy pocas líneas describe la evolución vital desde que nace, nos muestra cómo es el personaje. Por ejemplo, para decir al lector que era muy limpia no nos lo dice de forma explícita. No escribe: "Era una niña muy limpia", sino que nos muestra los detalles: "Casi nunca mojaba los pañales" o "Volvía a casa con su vestidito almidonado tan impecable como cuando se lo puso." El narrador está mostrando, no demostrando, lo que le da mayor calidad al texto. Los lectores tenemos que hacer un esfuerzo para interpretar los datos, y llegar a nuestras propias conclusiones.

El cuento en realidad es una descripción de ese personaje central, un retrato.

Desde el principio nos muestra a un personaje psicópata y el acierto es que se adapta a la vida, a la rutina y participa en el mundo social. La autora nos pone una serie de cualidades por las que destaca una niña, extrañas pero verosímiles: Thea no se manchaba nunca, aprendió a leer muy pronto… y, lo más importante, aprendió a hacer reverencias, a dominar las habilidades sociales desde pequeña.

La falta de empatía de Thea se vislumbra pronto. No entiende como los otros niños y niñas disfrutan haciendo flanes de barro.

Nunca estaba sucia, y cuando veía a otros niños corriendo y jugando, haciendo flanes de barro, cayéndose y pelándose las rodillas, pensaba que eran completamente idiotas

Su aspecto limpio y aseado le ayuda en su narcisismo, y las otras madres elogian a Thea por su aspecto, por comportarse como una adulta en vez de como una niña. Desde pequeña se acostumbra a cosechar elogios.

Otras madres más ajetreadas, con dos o tres vástagos que cuidar, alababan la obediencia y la limpieza de Thea, y eso le encantaba. Thea se complacía también con las alabanzas de su propia madre. Ella y su madre se adoraban.

Que hija y madre se adoren constituye un dato muy importante, significa que Thea corresponde al perfil psicológico "hija de la madre". Consiste en que una niña toma como referencia o modelo a la madre. La madre, por su parte, fomenta el narcisismo de Thea. Esta será más adelante una niña psicópata, en parte porque ha nacido así y, en parte, porque su madre le ha dado una educación que fomenta ese comportamiento.

El cuento va avanzando hasta la edad de nueve y diez años, la edad de las pandillas. Thea no se siente bien en ellas, se supone que es un tanto asocial y que es más difícil intrigar en un grupo que fuera de él.

Una de las características del relato es su gran agilidad. Está hablando de Thea, de su evolución vital, de su madre cuando le lleva al parque, de la época de las pandillas. Todo en un orden cronológico. Y, cuando la autora quiere introducir a otro personaje, el del padre, lo hace con una gran agilidad. No para la narración ni lo introduce de forma abrupta o tradicional, sino que lo encadena al relato a través de un breve diálogo de un niño:

—Thea hace trampas en los juegos. Por eso no queremos que venga con nosotros —dijo un niño de diez años en una de las clases de Historia del padre de Thea.

Por su profesión, Ted, el padre, está en contacto con otros niños, por tanto, es consciente de que su hija es diferente. Es un misterio para él, pero madre e hija forman tal alianza que el padre se siente marginado ante ellas. Intenta hablar con su esposa sobre la inclinación que tiene su hija hacia la intriga. Pero la madre le dice que eso no es intrigar, sino tener carácter.

—Las niñas nacen mujeres —dijo Margot, la madre de Thea—. Los niños no nacen hombres. Tienen que aprender a serlo. Pero las niñas ya tienen un carácter de mujer.

—Pero eso no es tener carácter —dijo Ted—. Eso es ser intrigante. El carácter se forma con el tiempo. Como un árbol.

Margot sonrió, tolerante, y Ted tuvo la impresión de que hablaba como un hombre de la edad de piedra, mientras que su mujer y su hija vivían en la era supersónica.

Después, con mucha habilidad, el narrador nos hace un resumen de una de las maniobras de Thea donde nos muestra su carácter. No nos cuenta los detalles, pero como ya tenemos esos antecedentes de ella, entendemos que es posible y, por tanto, verosímil en la historia:

Al parecer, el principal objetivo en la vida de Thea era hacer desgraciados a sus contemporáneos. Había contado una mentira sobre otra niña, en relación con un niño, y la chiquilla había llorado y casi tuvo una depresión nerviosa. Ted no podía recordar los detalles, aunque sí había comprendido la historia cuando la oyó por primera vez, resumida por Margot. Thea había logrado echarle toda la culpa a la otra niña. Maquiavelo no lo hubiera hecho mejor.

La madre sigue fomentando y apoyando el carácter malicioso de Thea, siempre la excusa.

El cuento va avanzando y se introduce otro personaje nuevo, Craig, el amigo de Thea. Ambos están siempre solos. Craig, al igual que Thea, es bastante impopular entre los niños de su edad. Mientras tanto Thea va creciendo y teniendo una belleza de cromo, pero es básicamente puritana, tal y como nos dice el narrador. Este narrador es omnisciente limitado, pero nos destila de vez en cuando sus juicios y opiniones sobre Thea

Después nos presentan ya a la niña psicópata en su plenitud. Realiza una acción propia de su edad y propia de una psicópata. Los niños de la pandilla están trabajando mucho para construir un refugio. Craig y ella se esconden para espiarlos, mientras los otros trabajan. Los dos amigos se ríen porque, en cuanto la pandilla termine, ambos van a destruir ese refugio. Por tanto, disfrutan con anticipación. Los chicos de la pandilla han invertido mucho tiempo y esfuerzo en su proyecto, y están muy ilusionados, pero los Thea y Craig tienen el poder de destruirlo todo en poco tiempo. Ahí es cuando ya aparece la mentalidad de una psicópata: sentirse poderosa por la capacidad de destruir lo que hacen otros, de controlar las emociones de los demás.

Más o menos una docena de los miembros de la pandilla estaban trabajando como peones, sacando cubos de tierra, recogiendo leña y preparando papas asadas con sal y mantequilla, punto culminante de todo esfuerzo, alrededor de las seis de la tarde.

Thea y Craig tenían la intención de esperar hasta que la excavación y la decoración estuvieran terminadas y luego se proponían destruirlo todo.

Como la construcción del refugio va a llevar un tiempo, Thea y Craig se entretienen con otras intrigas como la de la fiesta de Jennifer. Son capaces de mecanografiar una carta que todos los niños creen que es de la madre de Jennifer para fastidiar a todos los niños de la clase. Todos van a casa de Jennifer, y esta lo pasa fatal cada vez que abre la puerta. Alguno de los niños se ha vestido con sus mejores galas e incluso llevan regalos. Thea y Craig están escondidos detrás de los setos disfrutando de lo mal que lo pasa Jennifer y del desencanto que sufren los falsos invitados.

Thea y Craig no se divierten jugando, se divierten intrigando y viendo como otros niños lo pasan mal. El verdadero disfrute para ellos es crear sufrimiento ajeno.

Las intrigas continúan y Thea y Craig, cuando el túnel y el refugio están terminados, fingen estar malos para reunirse y destruirlos.

A partir de aquí la autora hace una **elipsis**, suprime datos importantes de la trama. De esa manera consigue un mayor énfasis, y que el lector tenga que hacer un esfuerzo para adivinar qué ha pasado. El tiempo se acelera.

Pasan dos días y Craig aparece asesinado por varias personas. El narrador no nos cuenta los detalles de algo tan importante como es el asesinato de un niño, no nos dice quién ha sido. El narrador ni describe el asesinato ni acusa a nadie, solo da unas pistas: Craig tiene puñaladas de siete personas distintas; todo el mundo sabe que Craig y Thea faltaron al colegio el día que se destruyó el túnel construido por la pandilla. Y luego nos da a los lectores esta otra pista:

La policía no pudo acusar de la muerte de Craig a ninguno de los miembros de la pandilla, y tampoco podían juzgar por asesinato u homicidio a todo un grupo. La investigación se cerró con una advertencia a todos los padres de los niños del colegio.

Ted teme por la vida de su hija, pero su hija sabe defenderse sola. Se maneja mejor en el mundo de las madres que en el mundo de los niños. Por eso, la puerta de entrada para su justificación y la mentira es una madre de uno de los chicos de la pandilla.

—Solo porque Craig y yo faltáramos al colegio ese mismo día no quiere decir que fuésemos juntos a romper ese estúpido túnel —le dijo Thea a una amiga de su madre, que era madre de uno de los miembros de la pandilla. Thea mentía como un consumado bribón. A un adulto le resultaba difícil desmentirla.

Aquí también se demuestra la falta de empatía de Thea hacia Craig. Su mejor amigo, su compañero de juegos, ha aparecido asesinado, pero ella no siente ningún dolor ni depresión por ello. Se adapta bien a la nueva situación puesto que emocionalmente está vacía. Se supone que ella y Craig tenían un vínculo de amistad, pero a ella su asesinato no le afecta.

Con esta elipsis, incluso podríamos pensar que Thea tiene responsabilidad en la muerte de Craig. Podríamos pensar que, como buena psicópata, Thea no ha cogido un cuchillo, pero sí ha canalizado la hostilidad de la pandilla hacia Craig para salvarse ella o por mero disfrute.

Luego la autora hace otro juego temporal llamado **resumen**, un recurso literario por el que en pocas líneas se cuenta lo que ha ocurrido en una extensión larga de tiempo. De esta manera, la autora acelera el tiempo. Desde los diez años pasa a los quince.

Este relato abarca mucho tiempo en pocas páginas, desde que Thea nace hasta que tiene quince años. Por esa razón, la autora acelera el tiempo de dos maneras: con la elipsis y con el resumen. Se acaba el período de las pandillas, más o menos cuando Thea tiene diez años, y pasamos a verla cuando ha cumplido quince:

Así que para Thea la edad de las pandillas —a su modo— terminó con la muerte de Craig. Luego vinieron los novios y el coqueteo, oportunidades de traiciones y de intrigas, y un constante río, siempre cambiante, de jóvenes entre dieciséis y veinte años, algunos de los cuales no le duraron más de cinco días.

Se siente especialmente feliz esta noche porque su más próxima rival, una chica llamada Elizabeth, acaba de tener un accidente de coche y se ha roto la nariz y la mandíbula y sufre lesiones en un ojo, por lo que no volverá a ser la misma.

Aquí ha habido una segunda elipsis. No nos cuenta por qué Elizabeth ha tenido un accidente de coche, pero con los antecedentes de Thea, deducimos que tiene una responsabilidad en ese accidente. El tiempo del verano, de los chicos y amoríos es un campo excelente para sus intrigas. Y el relato acaba de esta manera.

En cambio, Thea escapará a todas las catástrofes. Hay una divinidad que protege a las perfectas señoritas como Thea.

Esto es una opinión de ese narrador omnisciente, habla de que este tipo de personas que domina la intriga y lo social, suele cometer atrocidades que quedan impunes. También se puede interpretar como una crítica a la sociedad, a esa sociedad que valora las formas por encima de otras cualidades y crea señoritas como Thea.

Elección artística

Escoge un perfil psicológico y crea un personaje. Puedes encontrar mucha información en manuales o en portales de psicología o psiquiatría. Puedes hacer una historia con una persona excesivamente perfeccionista, con trastorno obsesivo compulsivo, que tenga la manía de la limpieza o el orden… o puedes escoger las características del psicópata.

Por ejemplo, vamos a ver los puntos de psicopatía que tiene Thea:

—**Son manipuladores.** Manipula a los niños de su clase para que vayan a la supuesta fiesta de Jennifer.

—**Saben engatusar y ser encantadores cuando les conviene. Se ganan la confianza ajena.** Thea sabe aprovechar la buena reputación que tiene entre las madres.

—**Son narcisistas.** Le encanta recibir elogios

—**Desprecian y cosifican al prójimo. No tienen empatía.** No entiende por qué otros niños disfrutan jugando o construyendo túneles. No sufre con la muerte de Craig.

—**Mienten de forma patológica para salirse con la suya.** Se libra de la hostilidad de la pandilla mintiendo.

—**No establecen vínculos a largo plazo.** No le afecta la muerte de

Craig. Los novios no le duran mucho.

—Tienen un nivel de frustración muy bajo. En cuanto Elizabeth le hace sombra en las fiestas, esta sufre un accidente de coche.

—No sienten miedo ni culpa ni vergüenza. No se siente deprimida ni culpable por la muerte de Craig y no tiene miedo de la pandilla.

—Tienen la sensación de que todo les está permitido. La muerte de su amigo no le hace parar las intrigas, seguirá haciéndolas.

—Contestan de forma descomunal a una supuesta ofensa o agravio. Elizabeth, su rival en amores, ha perdido un ojo, la mandíbula, parte de la cara…

—Son irresponsables y envidiosos. Hace la trampa de la fiesta de cumpleaños sorpresa.

—O estás con ellos o están contra ti.

—No son creativos ni gente que destaque intelectualmente, a veces suelen apropiarse de las ideas de los demás. Thea no destacará intelectualmente puesto que sus energías las invierte en intrigar.

Puedes crear un personaje psicópata, pero recuerda, que esté bien integrado en la sociedad. El personaje psicópata tiene el apoyo de otras personas o normas sociales que fomentan su comportamiento. Es la persona cruel e integrada que sabe guardar y respetar las formas. Aquí tienes varias opciones para tu personaje:

—Puede ser un político corrupto que se está enriqueciendo con dinero público. Alrededor tiene una serie de personas permisivas que le elogian y valoran por haber sabido hacer fortuna, aunque conozcan la forma en que la ha hecho.

—Una persona en una empresa se dedica a robar los proyectos de los demás. Disfruta haciendo caer en desgracia a sus compañeros.

—Un deportista en un equipo se dedica a boicotear el éxito de sus compañeros por envidia.

—En una familia numerosa, uno de los hijos es un psicópata y uno de los padres fomenta ese comportamiento.

La lista puede ser larga. Si tienes tu propia idea, estupendo. Si no, cualquiera de estas te puede valer.

Recuerda, disfruta escribiendo.

CAPÍTULO VI

El crimen del profesor de matemáticas,

de Clarice Lispector

La epifanía literaria

Chaiuya Pinkhasovna Lispector, conocida como Clarice Lispector, de origen judío, nació en Ucrania el diez de diciembre de mil novecientos veinte. Cuando tenía dos meses, su familia se trasladó a Brasil. Está considerada una de las más importantes escritoras brasileñas y universales del siglo XX.

Ella misma definió su manera de escribir como un *no estilo*. Escribió relatos, novelas, libros infantiles, poemas y también pintaba. Pertenece a la generación brasileña del 45 y a la tercera fase del modernismo.

Cuando era niña, vivió una tragedia familiar: su madre murió de sífilis. La había contraído al ser violada por soldados rusos.

En 1939 Clarice comenzó a estudiar Derecho y también a escribir para revistas y periódico. A los veintiún años publicó *Cerca del corazón salvaje*.

Cuando aún era una estudiante, conoció a su futuro marido, el diplomático Maury Gurgel Valente. Durante el matrimonio se sintió encasillada en lo que tenía que ser por entonces la vida de una esposa. Por el trabajo de su marido, tuvo que viajar bastante. y tenía que llevar una vida social muy intensa. A veces no tenía tiempo ni para leer ni para escribir nada en un mes. Ella definió la vida de diplomática como una larga tarde de domingo. En algunas cartas a amigos, ella misma escribió:

En todo este mes de viaje, no he realizado nada, ni leído, ni nada. Soy completamente Clarice Gurgel Valente.
¿Has visto como un toro cansado se transforma en buey?

Se separó de él en 1959.

En 1963 publicó la que es considerada su obra maestra, *La pasión según G.H.*, escrita en tan solo unos meses.

En la época de los sesenta escribía una columna de consejos femeninos en la revista *Sólo para Mujeres,* aunque ella no se manejaba bien como ama de casa. Su hijo, Paulo Gurgel, nos deja este testimonio:

La recuerdo con una máquina de escribir en su regazo, tecleando absorta en medio del salón principal de la casa entre los ruidos de los niños, el teléfono o la empleada. Por tanto, no tenía nada de escritora maldita que necesitaba aislarse del mundo para encontrar la inspiración.

En 1966 tuvo un accidente que influyó el resto de su vida. Se quedó dormida con un cigarrillo en la boca a altas horas de la madruga y esto provocó un incendio que quemó todo su cuarto. Los médicos estuvieron a punto de amputar su mano derecha, aunque al final no fue necesario, pero no recuperó la movilidad. Murió de cáncer en 1977.

Las reflexiones de Clarice Lispector sobre escribir

Clarice dejó escrita algunas reflexiones sobre el acto de escribir. Estas son algunas:

Escribir es una maldición que salva. Es una maldición porque obliga y arrastra, como un vicio penoso del cual es imposible librarse. Y es una salvación porque salva el día que se vive y que nunca se entiende a menos que se escriba.

¿El proceso de escribir es difícil? Es como llamar difícil al modo extremadamente prolijo y natural con que es hecha una flor.

No puedo escribir mientras estoy ansiosa, porque hago todo lo posible para que las horas pasen. Escribir es prolongar el tiempo, dividirlo en partículas de segundos, dando a cada una de ellas una vida insustituible.

Escribir es usar la palabra como carnaza, para pescar lo que no es palabra. Cuando esa no-palabra, la entrelínea, muerde la carnada, algo se escribió. Una vez que se pescó la entrelínea, con alivio se puede echar afuera la palabra.

Su obra

Ella misma definió su manera de escribir como un *no estilo,* precisamente, lo que más destaca de esta escritora es su estilo. Escribió relatos, novelas, libros infantiles y poemas. Influyeron en ella autores como Machado de Assis, Rachel de Queiroz, Eça de Queiroz, Jorge Amado y Fédor Dostoiesvski, Sartre y Albert Camus. También se dice que tiene influencia de Joyce y de Virginia Woolf, pero hay quien niega esa influencia. Sí que tiene algunos puntos en común con ellos, sobre todo respecto al flujo de conciencia. Sus personajes viven conflictos internos más que circunstancias adversas. Los lectores nos zambullimos en los estados mentales o anímicos de estos personajes, y conocemos lo más íntimo de ellos: sus miedos, pensamientos, complejos de culpa… No hay descripción de los personajes, pero el lector los llega a conocer íntimamente por su flujo de conciencia. Los lectores forman su propia opinión sobre los personajes. La palabra es un cebo para que los lectores construyan los personajes.

La epifanía

La epifanía significa manifestación, aparición o revelación. Muchos profetas o chamanes experimentaban un proceso de epifanía e interpretaban visiones que recibían del más allá.

Lispector utiliza mucho el recurso de la epifanía: *no hay cosas insignificantes, lo más banal puede desencadenar la epifanía.* En sus relatos algún detalle nimio, un pequeño hecho produce que el personaje se sumerja en un espiral de ideas, sensaciones y recuerdos que lo absorben de la realidad en la que vive. Como consecuencia, el personaje entra en un drama existencial.

La epifanía literaria con Lispector es una experiencia simple y rutinaria, como ir a la compra, que se convierte en una revelación. Los personajes se comportan de forma convencional, pero, de repente, realizando una acción cotidiana o concentrándose en un detalle tienen una revelación o iluminación que produce en ellos un flujo de conciencia.

Así nos lo describe Huaman Mori:

Todo este devenir tiene un punto central, que sin él nada puede suceder, que es la epifanía. Ahora bien, esta revelación es activada por cualquier hecho banal y a partir de ello, los personajes se encuentran inmersos en un profundo flujo de conciencia. Los momentos epinicios son totalmente traumáticos ya que se origina una cadena de ruptura de los valores conocidos por otros completamente desconocidos.

En general su obra tiene mucha influencia del existencialismo, los personajes viven sumergidos en la angustia.

El relato *El crimen del profesor de matemáticas*

El cuento pertenece al libro *Lazos de familia* y la autora, de una forma muy original de plantea dos temas recurrentes en la literatura: la culpa y el doble. También se podría considerar el abandono de los animales.

El argumento

Un hombre está en una colina con un costal. En él lleva a un perro muerto y desconocido que va a enterrar. Es un momento casi religioso, un acto simbólico, que sirve para aliviar la culpabilidad de algo malo que hizo en el pasado: el abandono de su perro en otra ciudad. Piensa que aliviará su pena con ese pequeño ritual, enterrando a otro perro. Lo hace, pero al final del relato se da cuenta de que no tiene que ser perdonado y desentierra al perro desconocido.

En el relato las acciones están ordenadas cronológicamente, no hay elipsis ni cambios temporales. El profesor realiza un pequeño ciclo durante el relato: entierra al perro desconocido y lo desentierra. Los pensamientos, digresiones, recuerdos y sentimientos del protagonista no son lineales, el hombre piensa en el presente y pasado, y la autora intenta plasmar el discurrir de la conciencia. Lispector, además de presentarnos al personaje de forma tan original, da un giro a la relación amo-perro. El amo dota de alma al perro dándole un nombre, pero también el perro dota de alma al amo.

Análisis del relato

Vamos a ir desgranando uno por una cada parte del cuento. Este es el comienzo:

Cuando el hombre alcanzó la colina más alta, las campanas tocaban en la ciudad, abajo. Apenas se veían los techos irregulares de las casas. Cerca de él estaba el único árbol de la llanura. El hombre estaba de pie con un costal pesado en la mano.

Un hombre, que de momento no tiene nombre, sube a una colina, a un lugar elevado, deja atrás la ciudad. Subir una colina se puede interpretar como una metáfora espiritual. El hombre va a realizar un pequeño ritual. Parece que el hombre se aparta de su realidad cotidiana, del bullicio de una ciudad y de sus casas para concentrarse en algo más espiritual. Oye el sonido de las campanas, el sentido del oído está muy presente en el relato. Las campanas son símbolos universales de espiritualidad y protección, su sonido comunica a los humanos con el más allá.

Miró hacia abajo con ojos miopes

La miopía consiste en la dificultad para mirar lo que está lejano, pero no es solo un trastorno de la mirada. El diccionario también la define como: *Incapacidad para ver cosas que son muy claras y fáciles de entender o para darse cuenta con perspicacia de algún asunto.* El protagonista, a lo largo del relato, va a intentar expiar con su pequeño ritual un asunto del pasado relacionado con un perro abandonado en otra ciudad, pero actuará de forma un tanto mezquina hasta que acepte que lo que va a hacer no le va a borrar la culpa. Parece que al principio del relato sufre una miopía espiritual.

Desde donde está ve a los católicos que entran lentamente en la iglesia, y el protagonista cae en la cuenta de que es domingo, un día sagrado para las religiones cristianas. Ambos rituales serán paralelos, el de la misa y el del entierro. Es un indicio, una metáfora de lo que va a ocurrir en la historia.

El profesor, desde su colina, ve a los niños que se desparraman por la plaza. Es una imagen preciosa, pero donde está no oye apenas los juegos de ellos. El río parece inmóvil desde arriba, aunque todos sabemos que la corriente del río siempre es continua. El agua simboliza las emociones.

No hace frío, pero se ajusta el abrigo. De esta manera la autora nos transmite a los lectores que el hombre está inquieto o destemplado. Pone el costal sobre el suelo. Apenas nos proporciona la descripción física del protagonista, a Clarice solo le interesa la mirada, y describe los ojos claros y poco familiares, casi jóvenes sin gafas. Pero cuando se pone las gafas, cuando las gafas se supone que le resuelven momentáneamente la miopía y puede mirar a lo lejos, se transforma en un señor de mediana edad.

Ha dejado sobre la tierra el costal y lo vuelve a coger. Pesa mucho. Después se introducen en el relato dos sentidos. La soledad la percibe no solo a través de lo visual, sino también a través del oído. Vuelve a nombrar al río, esta vez solo a través de lo auditivo. Y el narrador o narradora proporciona más información sobre el protagonista: es de otra ciudad más cálida, el aire fresco le molesta.

Cuando el personaje ya está en la soledad más absoluta, y no tiene sentido esperar más, saca a un perro muerto del costal. En ese momento las campanas tocan alegres para llamar a los fieles al consuelo de la penitencia.

La penitencia o confesión es un sacramento en algunas iglesias cristianas. Consiste en que una persona se arrepiente de haber cometido un pecado, lo confiesa a un sacerdote, este le absuelve y obtiene la absolución. El penitente tiene que hacer un pequeño acto a cambio, por ejemplo, rezar. Tiene que ir acompañada del propósito de no volver a cometer esa acción en el futuro. A la penitencia se le llama el sacramento de la reconciliación.

En el momento en el que el protagonista saca el cadáver del perro del costal cierra los ojos. Cuando los vuelve a abrir, el aire está todavía más claro y las campanas alegres tocan nuevamente llamando para la penitencia.

El protagonista coloca el cadáver del perro en una bajada de terreno y se pone a pensar. Comienza un discurso interior contado en tercera persona, y su pensamiento nombra a un segundo perro que no está presente en la historia. A un perro al que hubiera enterrado bajo el árbol. Y de manera calculada empieza a trabajar para enterrar el cadáver del perro que tiene delante.

Pero si fuera el otro, el verdadero perro, en verdad no lo enterraría donde él mismo gustaría de ser enterrado si estuviera muerto: en el centro mismo de la llanura, donde los ojos vacíos encarasen al sol. Entonces, ya que el perro desconocido sustituiría al «otro», quiso que él, para mayor perfección del acto, recibiera precisamente lo que el otro recibiría.

Los lectores nos damos cuenta de que hay dos perros en la historia. Uno es el verdadero, y no sabemos si está o no muerto, no está presente en el momento del relato. El otro es el cadáver que está enterrando el protagonista, al que él en su flujo de conciencia llama *perro desconocido.*

El profesor empieza a pensar dónde enterraría al otro perro, donde le hubiera gustado ser enterrado si estuviera muerto y elige el centro de la llanura. Y luego entierra al desconocido:

Cubrió al perro con tierra y la aplanó con las manos, sintiendo con atención y placer su forma en las palmas, como si varias veces lo alisara. El perro ahora era apenas una apariencia del terreno.

El hombre se siente liberado de su culpa. Ha enterrado a un perro desconocido en memoria del conocido. Su crimen ha sido liberado, ha hecho su penitencia. Ya entendemos el título, trata sobre un crimen realizado con un perro. Y el término crimen probablemente no ha sido puesto por la ley, sino por el profesor, por su sentimiento de culpa. Sigue con sus digresiones:

El verdadero perro que ahora mismo debería estar vagando perplejo por las calles de otro municipio, husmeando aquella ciudad en la que él ya no tenía dueño.

Descubrimos que el verdadero perro, el perro conocido está vivo y vaga por otra ciudad. Comienza un soliloquio en primera persona

«Mientras yo te hacía a mi imagen, tú me hacías a la tuya», pensó entonces, auxiliado por la nostalgia. «Te di el nombre de José para darte un nombre que te sirviera al mismo tiempo de

alma. ¿Y tú?, ¿cómo saber jamás qué nombre me diste? Cuánto me amaste, más de lo que yo te amé», reflexionó, curioso.

Él hizo al perro, le dotó de alma y le puso José, pero también el perro hizo al hombre, y el hombre no sabe qué nombre le puso. También habla del amor incondicional del perro a su dueño. En su monólogo se va sumergiendo en la relación perro-hombre y hombre-perro.
Porque, aunque mío, nunca me cediste ni un poco de tu pasado ni de tu naturaleza. E, inquieto, yo comenzaba a comprender que no exigías de mí que yo cediera nada de la mía para amarte, y eso comenzaba a importunarme.

Con este párrafo se puede decir que el perro ama de forma más incondicional que el hombre, puesto que no le pide ninguna renuncia a su naturaleza. El perro también enseña el hombre. En la intersección de la naturaleza común de ambos, la parte animal, el hombre le pedía cambiar la ferocidad por dulzura, pero el perro le mostraba que no había que hacer esos cambios. El amor del animal es más auténtico que el del hombre. El perro exigía al humano que fuera humano y se exigía a sí mismo ser perro, y es el perro el que poseía a la persona, no la persona al perro:
Ahora estoy muy seguro de que no fui yo quien tuvo un perro. Fuiste tú el que tuviste una persona».
Poco a poco nos va contando la relación perro-hombre. Y nos llega a contar qué ocurrió: un abandono. La familia tuvo que trasladarse a otra ciudad, los niños lloraron, pero ni la mujer, Marta, ni la suegra, querían llevarse al perro:

Pero solo tú y yo sabemos que te abandoné porque eras la posibilidad constante del crimen que yo nunca había cometido. La posibilidad de que yo pecara, el disimulo en mis ojos, ya era pecado. Entonces pequé en seguida para ser culpable en seguida.

Y a continuación nos revela algo más importante. Si no hubiera cometido ese crimen, hubiera cometido otro mayor:

«Hay tantas formas de ser culpable y de perderse para siempre y de traicionarse y de no enfrentarse. Yo elegí la de herir a un perro», pensó el hombre. «Porque yo sabía que ese sería un crimen menor y que nadie va al Infierno por abandonar un perro que confió en un hombre. Porque yo sabía que ese crimen no era punible.»

Ni las leyes humanas (se supone que por entonces no era condenable abandonar a un perro) ni la iglesia ni nadie iba a condenar al profesor de matemática por cometer ese crimen con el perro. Y si se encontrara a su perro José por la calle, sabía que se acercaría a él con alegría. Ni siquiera su perro le condenaría.
Pero entonces se pone a pensar, y descubre que ese acto, enterrar a un perro desconocido, no va a perdonar su acto anterior. Por tanto, baja otra vez a la llanura y desentierra al perro. Es como si el perro José le exigiera que asumiera su culpa como un hombre.
El hombre acaba descendiendo hacia donde está su familia. El momento mítico lo ha cambiado y asumirá su crimen. La escritora ha transformado la situación con el momento de epifanía: descubrir que enterrar a otro perro no le exime de culpa.

Flujo de conciencia

La autora utiliza la técnica de flujo de conciencia. El flujo de conciencia intenta reproducir los pensamientos internos del pensamiento para dar ese aspecto no se sigue ningún orden lógico. Esta técnica utiliza a la vez diálogo directo e indirecto, indirecto libre y juegos de diferentes narradores. De esta manera se intenta reproducir el pensar caótico de la mente. Por ejemplo, en este párrafo, la primera frase se puede considerar una forma tradicional de contar la historia. A partir de ***Pero si fuera el otro*** los lectores nos hemos zambullido en los pensamientos del protagonista contados en tercera persona. Y el párrafo acaba con un narrador omnisciente.

Se sorprendió reflexionando que debajo del árbol enterraría a este perro. Pero si fuera el otro, el verdadero perro, en verdad no lo enterraría donde él mismo gustaría de ser enterrado si estuviera muerto: en el centro mismo de la llanura, donde los ojos vacíos encarasen al sol. Entonces, ya que el perro desconocido sustituiría al «otro», quiso que él, para mayor perfección del acto, recibiera precisamente lo que el otro recibiría. No había ninguna confusión en la cabeza del hombre.

También utiliza el soliloquio. Este consiste en que uno de los personajes habla en primera persona en un lenguaje claro y bien articulado.

El estilo y el mito del laberinto

Respecto al estilo es bastante sobrio. Apenas hay adjetivos, suelen ser especificativos, o sea, necesarios. No embellece la prosa con expresiones maravillosas. Las frases que nos impresionan son verdades psicológicas contadas con un lenguaje más que bello, exacto. La fuerza de su estilo consiste en la aproximación al pensamiento del personaje, a su extraña manera de pensar tan laberíntica y con tantos recovecos, a su lógica tan personal.

La acción es muy sencilla, un profesor sube una colina y entierra y luego desentierra un perro. La historia se basa en el laberinto de sus pensamientos.

Se podría decir que entronca con el mito del laberinto. El laberinto simboliza la vida y sus caminos no lineales. A veces, cuando se avanza, en realidad retrocedemos y viceversa. En el centro del laberinto está nuestra sombra, el minotauro, que representa los pensamientos, emociones, sentimientos e ideas más íntimas que nos avergüenzan. Llegar al centro simboliza encontrarnos con nosotros mismos, asumir que tenemos una parte oscura y no negarla, sino incorporarla a nuestra vida. Se puede decir que el profesor de matemática llega al centro del laberinto, incorpora su sombra, cuando el perro está enterrado y lo desentierra.

Los personajes

Solo hay un personaje, el profesor de matemáticas. En algún momento le pone nombre a su esposa, la única vez que la nombra. El perro que aparece en los recuerdos se llama José. El perro del presente es anónimo. Y en algún momento nombra a la suegra, sin nombre, y a los niños, un personaje colectivo.

Espacio.

En este relato juega una gran importancia el espacio. Es un espacio abierto, una colina con una llanura. En ella solo hay un árbol. La ciudad a veces se ve; otras, no, depende de donde se sitúe el personaje. La colina le da una perspectiva al personaje, ve el mundo de abajo más pequeño. Es un paralelismo, ve al pasado más pequeño que al presente. Pero la historia termina en que baja la colina y la carga del pasado tiene fuerza en el presente.

Tiempo:

Es domingo, momento de un ritual o en el que los niños juegan en una plaza. Ocurre todo en un mismo día y en menos de un día.

Elección artística

Cuenta un hecho en la que, por un asunto cotidiano y nimio, el personaje tenga una gran revelación o epifanía. Aquí tienes algunas ideas.

—Un atasco en el fregadero. El personaje puede intentar resolver el atasco, y el agua simboliza las emociones. El personaje puede vivir una pequeña iluminación pensando en cosas del pasado, en emociones que se le han atascado. O puede pensar en lo que representa los ciclos de comida, nutrición y después limpieza.

—Podría ser que el personaje está limpiando los cristales de su casa o de su coche. Si están empañados simbolizarían una visión borrosa de la vida. El hecho de limpiarlos le da claridad para ver lo que tiene por delante.

—Ir a la compra, qué pasa si la visión de la comida expuesta o de las verduras llevan a tu personaje a vivir un drama existencialista o un momento de iluminación o epifanía.

Intentar utilizar un lenguaje minucioso con digresiones. Y si tienes tu propia idea, estupendo.

Recuerda, disfruta escribiendo y leyendo.

CAPÍTULO VII
Una rosa para Emily,
de William Faulkner
Los juegos temporales

William Falkner nació 25 de septiembre de 1897 y murió el 6 de julio de 1962. Su familia era de New Albany, estado de Mississippi del sur de los Estados Unidos, de mentalidad muy tradicional y sudista, hecho que influyó en su obra.

Se le considera de los pocos escritores modernistas de Norteamérica y tuvo una gran influencia en los escritores suramericanos del siglo XX.

Fue conocido por el uso de técnicas literarias innovadoras como el monólogo interior, los múltiples narradores o puntos de vista y los saltos en el tiempo dentro de la narración.

Inventó un lugar mítico, Yoknapatawpha, en el cual transcurren la mayoría de sus escritos: *¡Absalón, Absalón!, Sartoris* o *El ruido y la furia.* En 1949 ganó el premio Nobel de Literatura.

Características generales del cuento La señorita Emily

La obra está compuesta de cinco capítulos y se utiliza en ella la técnica del folletín. Consiste en que en los capítulos se presentan dos hechos importantes, uno al principio y otro al final. El del final se queda abierto. El objetivo es dejar en el lector cierta curiosidad o expectativa que lo lleve a leer el siguiente capítulo.

Argumento

En un pueblo, muere la anciana señorita Emily. Es la última representante de un mundo que ya se ha acabado: el mundo de la aristocracia. Los vecinos entran en su casa y recuerdan los privilegios que ha tenido la anciana durante toda su vida. Sobre todo, recuerdan cuando los empleados del ayuntamiento de la ciudad fueron a exigirle que pagara impuestos municipales, ella se negó y mantuvo sus privilegios.

El narrador, que es un pueblo entero, sigue recordando que treinta años antes, dos años después de la muerte de su padre, un olor insoportable salía de la casa de Emily. Nadie se atrevió a decir nada, porque decir que su casa olía mal era ofender a una señorita del Sur. El Ayuntamiento mandó en secreto a cuatro hombres para que echaran cal viva en el sótano y que acabaran con el olor.

Dos años antes, el padre de la señorita Emily había muerto, y ella se negó a que lo enterraran. Al cabo de tres días, tras varias visitas de clérigos y médicos, Emily se derrumbó y aceptó que lo enterraran.

El verano después de la muerte de su padre llega al pueblo una compañía para construir las aceras. En la ella trabaja un capataz moreno, yanqui, apuesto y sociable, Homer Barron. Se les empieza a ver juntos a la señorita Emily y a Homer. Las señoras del pueblo empiezan a murmurar porque existen diferencias sociales en la pareja y recuerdan que Emily tiene una pariente loca.

Un año después la señorita Emily compra arsénico para matar a las ratas.

La historia retrocede y retoma el tiempo en el que salía con Homer. A Homer le gusta beber y suele comentar entre los jóvenes del pueblo que él no es hombre de casarse. Las señoras empiezan a ver los paseos de ambos como un escándalo y escriben a sus parientes de Alabama, las parientes con las que el padre de la señorita Emily se había peleado hacía tiempo. Vienen a visitarla.

El pueblo se entera de que la señorita Emily ha ido a la joyería a encargar un conjunto de artículos de plata de caballero con las iniciales H. B. El pueblo deduce que se van a casar y respira aliviado.

Homer desaparece durante tres semanas. Las parientes de Alabama se van definitivamente. Cuando esto ocurre, Homer vuelve al pueblo, y alguien le ve entrar en la casa de la señorita Emily. Esta es la última vez que es visto.

No se vuelve a saber nada de Homer y la señorita Emily se encierra en su casa. Solo se sabe de ella cuando, a los cuarenta años, empieza a dar clases de pintar porcelana en su casa a algunas niñas. Los años pasan y, cuando la generación de niñas bien crece, se acaban las clases de pintura. Empiezan a colocarse buzones por todo el pueblo, y la señorita Emily se niega que le coloquen uno en la puerta de su casa.

Al final, en el último capítulo se retoma la historia del primer capítulo: la señorita Emily ha muerto. Su criado negro recibe a las señoras en su casa, las deja pasar y él se va. Se prepara el entierro, aparecen los ancianos con los uniformes de la confederación y adornados como en el pasado. Cuando ya está enterrada, proceden a abrir un cuarto que está clausurado, se supone que desde hace cuarenta años. Para sorpresa de todos, el cuarto parece preparado para la boda. En él se encuentran los objetos de plata que compró la señorita Emily para Homer, la ropa de hombre que compró hacía años y un cadáver sobre la cama. Otro cadáver será enterrado.

Pero, hay otra sorpresa. En la misma cama donde yace el cadáver, en la otra almohada, permanece el hueco de una cabeza y un pelo largo, de color gris herrero (el color del pelo de la señorita Emily en el momento de su muerte).

El narrador

En el relato Faulkner también juega con el narrador. ¿Quién nos está contando la historia? Pues un narrador nosotros, primera persona del plural, todo un pueblo, los vecinos de Jefferson, que sienten cierta consideración por Emily puesto que le llaman señorita. Ese narrador nosotros de vez en cuando hace hincapié en las palabras o cotilleos de otros personajes. Apenas hay diálogos en el relato, solo tres.

Todo ha ocurrido en Jefferson, ciudad ubicada en el condado sureño y ficticio de Yoknapatawpha, un lugar creado por el autor.

Comentario

El tema es la lucha entre los antiguos ideales y formas de vida del Sur contra el progreso, el choque entre la tradición y la modernidad; la lucha entre el pasado y el presente, y cómo este último se acaba imponiendo.

Emily es la última representante de la nobleza, y representa el

Jefferson antiguo. No acepta el progreso, como podemos apreciar cuando se niega a que le instalen un buzón a la puerta de su casa.

Ha matado a su novio y conserva su cadáver. De esta manera se supone que en su psique ha paralizado el tiempo. No acepta su muerte, y durante años duerme al lado de su cadáver, eso significa que tampoco acepta los cambios.

Uno de los mensajes del relato es que no se puede vivir en el pasado mientras todo cambia alrededor. El apego al pasado, la resistencia al cambio, produce demencia y soledad.

A través del relato Faulkner critica temas que hasta entonces habían sido sagrados: el amor romántico, la noche de bodas y la mujer sureña.

La protagonista

Los cambios temporales no solo los va viviendo el pueblo, también se van a ver a lo largo del relato en las descripciones físicas de la señorita Emily. El autor hace una crítica muy sutil. Nos habla de una antigua vida que se acaba y, por medio de las descripciones de la protagonista, el autor nos va situando en el tiempo. La primera descripción corresponde al momento en que la señorita Emily tiene aproximadamente sesenta años. No es la primera vez que aparece en el pueblo, pero sí que es la primera vez que aparece en el relato. Nosotros como lectores nos hemos imaginado a una elegante dama del sur, esbelta y con gran porte. Sin embargo, el físico no acompaña a la imagen señorial de la señorita Emily. La última imagen de ella no es la de frágil señora del sur, sino de una mujer rechoncha:

(...) ...una mujer pequeña, gruesa, vestida de negro, con una pesada cadena en torno al cuello que le descendía hasta la cintura y que se perdía en el cinturón—; debía de ser de pequeña estatura; quizá por eso, lo que en otra mujer pudiera haber sido tan sólo gordura, en ella era obesidad. Parecía abotagada, como un cuerpo que hubiera estado sumergido largo tiempo en agua estancada. Sus ojos, perdidos en las abultadas arrugas de su faz, parecían dos pequeñas piezas de carbón, prensadas entre masas de terrones, cuando pasaban sus miradas de uno a otro de los visitantes, que le explicaban el motivo de su visita.

Los retratos de ella nos van avisando del tiempo. Con la información de la edad y otros datos que nos dan podemos reconstruir la historia. Las mismas palabras que utiliza para describirla físicamente *abotargada, un cuerpo que hubiera estado sumergido largo tiempo en agua estancada,* se puede interpretar como un retrato psicológico por parte del autor. El agua es símbolo de las emociones; el agua estancada son las emociones del pasado no resueltas.

La protagonista se encierra y vive con sus fantasmas del pasado. Emily pertenece a la aristocracia del Sur de Estados Unidos, un mundo que ya ha muerto. Ella es la última representante viva, se ha negado a cambiar, se encierra en su casa y vive entre fantasmas. El narrador colectivo nos cuenta que una de sus tías había enloquecido. Emily se niega a aceptar los cambios, no hay cambio mayor que la muerte, y, por esa negación, se corrompe, y esa corrupción, secreta a lo largo de toda su vida, emergerá ante todo el pueblo en el último capítulo. Con la señorita Emily muere también la tradición que se resiste a aceptar el progreso.

Ese apego al pasado, encerrarse en casa y no salir, resistirse al cambio ha corrompido su persona y le ha llevado a la necrofilia. La respetable señorita ya no lo es tanto.

También sabemos que Emily ha vivido sujeta a la sombra del padre hasta los treinta años, edad en la que muere él. El salón en una casa simboliza la parte más social. Por eso es significativo que al final el retrato del padre domine el salón: simboliza que Emily ha aceptado la sumisión y su enclaustramiento en vida.

El tiempo y el orden cronológico de la historia

En *Una rosa para Emily,* Faulkner juega con el tiempo. Empieza el relato por el final: Emily ha muerto, las señoras quieren ver el interior de la casa y, a partir de ahí, nos va contando la historia fragmentada. Sabemos lo que ha ocurrido. Queremos saber cómo y por qué.

Al principio el lector sabe que ha muerto un personaje, pero tendrá que avanzar el relato para saber qué ha pasado antes. A partir de ahí, el tiempo de la historia y el del relato quedan disociados: en el primer capítulo Emily ya ha muerto, en el segundo presencia la muerte de su padre cuarenta años atrás; luego, treinta años después, las autoridades intentan que pague impuestos. La **anticipación** y **evocación** se repite con frecuencia a lo largo de todo el texto.

La **evocación** o **analepsis** es una técnica literaria que consiste en relatar hechos del pasado. En cine se llama **flashback**.

Cuando en el relato Homer es visto por última vez entrando en casa de la señorita Emily, ya no se vuelve a saber nada de él. El narrador pueblo da una pista falsa a los lectores: la señorita Emily ha sido abandonada por su novio, por esa razón se cierra en casa. Aún así, después de esa desaparición hay un olor horrible que sale de la casa.

La **anticipación** crea una pausa en la narración y añade tensión dramática e interés. Es un recurso literario, consiste en que en la historia se cuenta o anticipa algo que ocurre en el futuro. Se le llama también **prolepsis,** y en el cine **flashforward**. Con frecuencia, suele aparecer con pistas falsas.

Con este recurso se crea intriga, y se da una información a los lectores que ayudará a comprender un suceso que ocurrirá más tarde. La mente del lector se prepara para lo que va a ocurrir y para entender el final. En este relato, la señorita Emily se negará durante tres días a enterrar a su padre. El autor nos está preparando la mente para que aceptemos la necrofilia que descubriremos al final: dormirá varios años al lado del cadáver de Homer. Faulkner ha omitido contar algo fundamental en la historia: el asesinato. Ha hecho una **elipsis** y lo ha omitido. Pero con los datos que nos da, lo deducimos.

Los símbolos

El consejo, las tres barbas blancas, que se reúne cuando sale un olor nauseabundo de la casa de la señorita Emily, representa el mundo antiguo y patriarcal, protector de las señoritas bien. El progreso está conviviendo con el antiguo mundo

En el tercer capítulo el progreso sigue avanzando, van a pavimentar las calles. Llega el capataz Homer, un hombre del Norte, un yanqui, un jornalero. Es un escándalo para las señoras que Emily y él se hagan novios. La clase social y el abolengo influye para que esta relación sea mal vista.

Los mayores, los que representan ese estancamiento del tiempo, deciden hablar con sus parientes. Emily se ha olvidado de su alcurnia y el antiguo orden del pueblo tiene que apelar a la familia. Las autoridades no pueden intervenir. Esto es importante: ese mundo tan protector con las señoritas de alta alcurnia, que las dispensa de pagar los impuestos y las encumbra y respeta tanto que es impensable decirle que una casa huele mal es también una jaula. A su manera, ella tiene que pagar un tributo, no puede hacer caso a sus instintos o sentimientos, ya que solo le está permitido vincularse con los de una clase social que en ese momento está prácticamente muerta.

La descripción de la casa, situada en una calle que ha cambiado y ha crecido nos está hablando de la lucha que ha tenido la señorita Emily contra el tiempo y contra el cambio y del antiguo esplendor del pasado. Los garajes y fábricas de algodón simbolizan el presente; la casa de Emily, el pasado que lucha por mantenerse en la ciudad que cambia.

La casa era una construcción cuadrada, pesada, que había sido blanca en otro tiempo, decorada con cúpulas, volutas, espirales y balcones en el pesado estilo del siglo XVII; asentada en la calle principal de la ciudad en los tiempos en que se construyó, se había visto invadida más tarde por garajes y fábricas de algodón, que habían llegado incluso a borrar el recuerdo de los ilustres nombres del vecindario.

De la lucha arquitectónica y urbanística de la casa, enseguida el narrador pueblo pasa a contarnos el conflicto con los impuestos. No pagar impuestos para la señorita Emily simboliza un privilegio de una clase social que ha muerto, un privilegio del pasado. Pero el pueblo se ha modernizado y ya todo el mundo tiene que hacerlo. Sin embargo, aunque legalmente haya un avance y las clases privilegiadas ya tienen que cumplir con sus obligaciones tributarias, el pueblo está desconcertado ante la contundencia de la señorita. La mente de ellos tampoco ha cambiado tanto, y son permisivos con ese mundo cuyos abusos aún no saben manejar. Primero le exigen que se reúna con ellos, luego se ofrecen a recogerla en coche y, al final, tiene que ir una comitiva a verla.

En la descripción de la casa por dentro también está presente el tiempo: los muebles están ajados, una nube de polvo surge cuando se sientan, el retrato del padre de la señorita Emily preside el salón… Y ellos aún no lo saben, pero en ese momento de la historia el cadáver de un hombre yace en una de las habitaciones de la casa. En conclusión, todo es pasado que huele a cerrado y el espacio ya nos anuncia la corrupción que emergerá al final de la historia.

La gran elipsis del relato

Así pues, la señorita Emily venció a los regidores que fueron a visitarla del mismo modo que treinta años antes había vencido a los padres de los mismos regidores, en aquel asunto del olor. Esto ocurrió dos años después de la muerte de su padre y poco después de que su prometido —todos creímos que iba a casarse con ella— la hubiera abandonado.

Cuando su padre muera, a ella le costará tres días enterrar el cadáver. Cuando ya no le quede más remedio, lo aceptará. Aquí Faulkner nos está dando un indicio de lo que va a ocurrir en un futuro: la tendencia a la necrofilia por parte de la señorita Emily se está desarrollando ya. Alguien habla de una tía loca en la familia. La mente del lector se está preparando de forma inconsciente para aceptar la necrofilia del final.

En el párrafo anterior, el narrador da a los lectores una pista falsa: *y poco después de que su prometido —todos creímos que iba a casarse con ella— la hubiera abandonado.* El prometido, como sabremos más tarde, puede que no quisiera casarse con ella, pero no la ha abandonado porque nunca abandonó la casa.

Los privilegios de la señorita Emily treinta años antes son aún mayores. Su casa huele a corrupción, pero nadie se atreve a decírselo. Acuden al Ayuntamiento a presentar sus quejas, pero no quieren molestarla.

Otra vez el presente y el pasado se encuentran. El tribunal de regidores, tres barbas blancas (el pasado) y un hombre más joven (el presente) mantiene un breve diálogo. El hombre joven dice que ordenen a la señorita Emily limpiar su jardín. Pero el juez Stevens exclama: *¿Va usted a acusar a la señorita Emily de que huele mal?*

La solución es enviar cuatro hombres después de las doce para que se deslizan como ladrones entre las sombras y esparzan cal en el sótano de la señorita Emily.

Cuando ya hemos leído el relato entero, nos damos cuenta que en el capítulo II hay una disociación entre el narrador y el autor. El narrador sabe menos, y nosotros como lectores sabemos lo mismo que el narrador. Al fin y al cabo, es él quien nos está contando la historia. Su casa huele mal porque ella convive con el cadáver de su prometido. El autor lo sabe, pero el narrador y los lectores no lo sabremos hasta el final.

En este mismo capítulo también se habla de la represión y de la necrofilia. La señorita Emily paga un precio por estar en su pedestal: no hay ninguna pareja adecuada para ella. Su padre la mantiene soltera hasta los treinta y, cuando él muere, ella no se queda en muy buena situación económica.

Ese narrador nosotros, ese pueblo se alegra. La adora, pero se alegra de su desgracia. Y la devoción que todos sienten hacia ella tienen un precio: se quedará soltera.

Pero Emily, en su encierro y en su lenta corrupción, buscará el camino para burlar el pronóstico del pueblo y no dormir sola.

La señorita Emily y el rey Midas

Una de las leyendas sobre el rey Midas cuenta que un día, paseando por el bosque, formó parte de un jurado en una competición musical entre Apolo y Pan. El rey Midas votó a favor de Pan, y Apolo asumió su derrota, pero convirtió las orejas de Midas en orejas de burro, haciendo alusión a su mal oído musical. Como consecuencia, el rey Midas se tapaba sus orejas, no quería que el pueblo se enterara. La única persona que sabía su secreto era su barbero. Lo amenazaba de muerte con frecuencia: si alguien se enteraba de que tenía orejas de burro, lo mataría. El barbero se sintió tan agobiado, que un día fue a la playa, hizo un agujero en la arena y gritó varias veces para desahogarse: El rey Midas tiene orejas de burro. Más tranquilo, volvió a su casa. Pero con el tiempo, del agujero de la arena brotaron unas plantas, y al pasar la brisa, formaba esta frase: *El rey Midas tiene orejas de burro*. De modo que todo el pueblo se enteró de lo que ocurría y se burló de Midas, y el barbero fue ejecutado.

Este mito entronca, en cierto modo, con la historia de la señorita Emily. Muchas veces las personas aparentemente más notables o nobles, como es un rey o la aristocrática Emily, esconden secretos vergonzosos, pero no están libres de que al final lo escondido con tanto celo aparezca ante los ojos de los demás. Los secretos cobran fuerza por sí solos, tienen su propia energía y acaban empañando la imagen venerable de quien lleva esa doble vida.

Elección artística

Ya te habrás dado cuenta de los cambios temporales en la historia de Faulkner. Pues tú ahora puedes hacer lo mismo. Descompón una historia al menos en tres fragmentos.

—Por ejemplo, alguien descubre un manuscrito de su madre en su casa, ese manuscrito le lleva a descubrir un secreto familiar y adivina que tiene un hermano que su madre tuvo antes de casarse con su padre.
Podrías contar la historia así.
—El encuentro con el hermano.
—La historia de amor de la madre con su primera pareja.
—El descubrimiento del diario.

—Puedes escribir sobre cualquier tema que se te ocurra. Otro ejemplo podría ser: una persona se queda en el paro, no tiene familia ni ningún apoyo económico. Decide poner dedicarse a algo que siempre le ha gustado: dar terapias alternativas, hacer flores de papel, escribir, pintar… lo que sea. Y consigue un gran éxito.

Puedes fragmentar la historia así:
—Los comienzos de su empresa.
—El paro y la época de incertidumbre.
—El éxito.

¡Ánimo!, saca al gran artista que llevas en tu interior y ponte a escribir ya la historia.

CAPÍTULO VIII
Conversación con mi padre, de Grace Paley
La metaliteratura y las relaciones familiares

Biografía de Grace Paley

Los padres de Grace Paley eran ruso-ucranianos y fueron expulsados por orden del zar en 1906 por tener ideas socialistas. Emigraron a Estados Unidos y se instalaron en Nueva York. En 1922, en el barrio del Bronx nació Grace Goodside. Tomó el apellido de Paley de su primer marido. Escribió poemas y tres libros de relatos. Su obra narrativa es muy breve, pero de gran calidad, tanta que la consagraron como Gran Dama de las letras de su país.

Sus libros de relatos son *Batallas de amor* (1959), *Enormes cambios en el último minuto* (1974) y *Más tarde el mismo día* (1985).

Fue feminista y activista y alcanzó una gran fama durante las marchas contra la guerra de Vietnam. Ella misma se definía como pacifista, combativa o anarquista cooperadora. En 1978 fue arrestada por desplegar un estandarte anti nuclear ante la Casa Blanca. Murió en agosto de 2007.

Su obra

Se la sitúa en la tradición inmigrante judeo americana, en la línea de Henry Roth, Isaac Bashevis Singer, Bernard Malamud y Saul Bellow.

El feminismo y la crítica social forman parte de la vida de los personajes, como veremos en el personaje de la narradora de *Conversación con mi padre*. Sus personajes llevan vidas normales y suelen vivir una rebeldía natural, reniegan contra las tradiciones ancestrales, y se oponen a los poderosos y a los opresores.

¿Qué es la metaliteratura?

La metaliteratura es la literatura que habla sobre la literatura. Durante la narración se para la acción para reflexionar sobre el acto narrativo y la ficción literaria. También existe el meta cine y el meta teatro.

Un ejemplo universal sería *El ingenioso hidalgo Don Quijote de la Mancha*. Cervantes no solo nos cuenta una historia, sino que no habla sobre quién está contando esa historia. Un hombre en Alcalá de Henares compra unos pergaminos, los lleva a traducir y el traductor le cuenta que un moro llamado Cide Hamete Benengeli está contando la historia sobre un hombre que se hace llamar Don Quijote de la Mancha. La obra nos sitúa en los distintos planos de la narración: el narrador que encuentra el manuscrito, el moro, el traductor y las aventuras del Quijote. Ese juego de narradores que nos explica asuntos sobre los narradores de la historia es metaliteratura.

Pero, además, Cervantes introduce otro aspecto de la metaliteratura: Don Quijote y Sancho Panza en la segunda parte hacen referencias a la primera obra, cuentan que ya está publicada, los fallos que tiene y las equivocaciones del narrador Cide Hamete Benengeli…

La metaliteratura la encontramos en *Rayuela*, de Julio Cortázar. Esta obra se puede leer de dos formas: una correlativa, seguir el orden de los capítulos; y otra por capítulos salteados y al final de cada capítulo nos indican cuál es el siguiente.

En *Niebla*, de Miguel de Unamuno, uno de los personajes se rebela contra el autor y le pide que no lo mate. En la obra de teatro *Seis personajes en busca de autor*, de Pirandello, mientras una compañía de teatro está ensayando su obra entran seis personajes que buscan un autor y cuentan su drama y su conflicto.

El relato comentado

En *Conversación con mi padre*, la narradora escribe una historia bajo el peso de la crítica de su padre. Juega entre la ficción y la realidad. Cada uno da su opinión sobre cómo hay que escribir. En el cuento subyace un canon literario: las historias de la vida no son sencillas ni normales, no son lineales; los finales son ambiguos y los personajes no están dibujados del todo físicamente. Todo un credo literario contra el padre, y, en otro nivel, un credo literario sobre nuevas formas de escribir.

El relato está escrito en primera persona y en presente, lo que produce mayor emotividad e introspección que si estuviéramos usando otros tiempos verbales o narradores.

El padre de la narradora está enfermo de puro viejo. Como dice la misma autora: *su corazón, ese motor sanguíneo, es tan viejo como él.* Pero el padre piensa que es falta de potasio, no se ve a sí mismo anciano. Eso ya implica una falta de aceptación de la realidad, de no querer verla, y de interpretarla a su manera.

—Me gustaría que escribieras un relato sencillo solo una vez más —me dice—. Como los que escribió Maupassant, o Chéjov, como los que escribías tú antes. Personajes reconocibles y lo que les pasa.

El padre mira con nostalgia al pasado. Es un hombre culto y lee novelas clásicas, pero no está abierto a las nuevas corrientes literarias. Tiene gustos conservadores respecto a la literatura y, en un nivel más profundo, tiene gustos conservadores respecto a su hija. Le está pidiendo que sea más tradicional, pero no solo escribiendo, sino viviendo. Por medio de la literatura le está echando en cara asuntos de su vida. Al comentar sobre el relato y su forma de escribirlo ya nos hemos metido en la metaliteratura.

La respuesta de la hija, la narradora, es intentar complacerlo. Aunque a lo largo del relato se nos mostrará que ese intento es fallido. Ella no recuerda haber escrito así, pero su padre está viejo y prefiere ser complaciente con él. Finge que es verdad, pero como ella piensa:

Me gustaría intentarlo, contar una historia así, si se refiere a las que empiezan: "Había una mujer...", seguido de una trama, esa línea continua entre dos puntos que he despreciado siempre, no por razones literarias sino porque elimina toda esperanza. Tanto las personas reales como las imaginarias merecen el destino abierto de la vida.

Y en este párrafo ya se fusionan la literatura y la vida, se acortan las diferencias entre los personajes y las personas: todos merecen un destino esperanzador y con sorpresas, y no lineal ni dirigido por un destino irremediable, independientemente de que seamos personas reales o personajes literarios.

Pero además hay otro asunto artístico más trascendente. Pedir a un escritor o escritora que escriba un relato normal y corriente es absurdo. En literatura a los clásicos hay que leerlos y asimilarlos, y una vez asimilados, el verdadero artista es el que busca nuevos caminos. Repetir lo que ya está hecho no tiene mérito ni talento.

El padre le está pidiendo que repita relatos de los clásicos del XIX, pero la hija es más alternativa y abierta, tiene una visión más creativa.

La forma de escribir de forma lineal, unos personajes que parten de un punto cronológico y la trama va evolucionando, tal y como le pide el padre, a partir del siglo XX ya ha quedado desfasado. Después del descubrimiento del lenguaje de conciencia por William James, y de la teoría de Einstein sobre el tiempo subjetivo, los escritores buscaron la innovación: romper el orden cronológico, o no resolver la trama para que el valor del texto residiera en lo psicológico, para que de esta manera crear nuevas expresiones literarias y para que el lector no fuera una figura pasiva y tuviera que completar la historia con su imaginación.

Por lo tanto, por medio de su petición literaria, el padre le está pidiendo a la hija que vuelva al pasado, algo imposible. Y de esa manera la separación que hay entre ellos se agranda. Aun así, la hija intenta, inútilmente, complacerlo.

A continuación, la narradora escribe un relato para su padre. Dentro de la historia escribe el argumento de otra historia. La narradora comienza una historia de forma convencional, una relación madre-hijo, con la novedad de que la madre, con tal de adaptarse y acercarse al mundo del hijo drogadicto, se hace yonqui.

Quizás es un deseo de la narradora: le gustaría que su padre bajara a su mundo para entenderla. La madre del cuento que ha escrito es un alter ego de la narradora.

Pero el cuento no le gusta al padre, este critica a la hija. La relación entre ellos, incluso al final de su vida, es un desencuentro. "Me has interpretado mal adrede ", le echa en cara. Le ha interpretado mal adrede en cuanto a la creación de relatos, pero, ¿y en cuanto a la vida? La relación padre e hija es una herida: él no acepta el cuento de su hija porque no acepta su tipo de vida. Y le pide lo imposible: ser de otra manera. Y en este sentido, Grace Paley universaliza un eterno problema: el hijo o hija que, al elegir un tipo de vida, decepciona a uno de sus progenitores. Está utilizando la metaliteratura para explicar la realidad.

Después de la primera lectura del relato, por medio de un breve diálogo comienza a crear un personaje. En la literatura moderna, a partir del siglo XX se prefiere omitir las descripciones físicas. Se proporciona algún dato físico, pero se busca sobre todo que el lector se imagine cómo es la apariencia externa del personaje para de esta manera cocrear en el texto. Tampoco se da toda la información de un personaje para que el lector imagine o deduzca la información omitida.

El padre representa el pasado y una forma de escribir más antigua. Le echa en cara que no haya dado datos físicos sobre los personajes, y le echa en cara a la hija que ella viva en un mundo literario más avanzado.

Surge otra discusión, en apariencia por la literatura, pero en realidad es por dos estilos de vida confrontados: el padre le reprocha que sus personajes nunca se casen, pero como lectores intuimos que se lo está reprochando a ella.

Según el padre, el personaje que no se casa es poco inteligente. Intuimos, por la pasión que ambos ponen en esa breve conversación sobre la construcción del personaje, que le está llamando poco inteligente a ella.

Curiosamente tenemos mucha más información sobre la madre que la protagonista ha creado en su relato en ese nivel de meta ficción que, sobre el padre, personaje en la historia principal. Del padre solo sabemos que está enfermo, es mayor, y que durante veinte años fue médico y durante veinte, artista.

El relato va avanzando y la narradora reescribe la primera

historia de su relato, la del personaje madre. Vuelve a contar una relación madre-hijo. Y hace hincapié en el complejo de culpa, de lo nocivo que puede ser este sentimiento entre hijos y progenitores. La madre secunda al hijo en su caída en las drogas, pero lo secunda por amor. El hijo escribe bien, conoce a una chica y deja las drogas. Le da un ultimátum a su madre: o deja las drogas o no volverá a verla. Pero esa madre que se ha metido en las drogas por amor a su hijo no puede salir de ese mundo precisamente porque le falta el hijo. También puede significar una relación destructiva y dependiente. Mientras el hijo consume, madre e hijo están unidos, pero si uno de los dos sana, la relación materno filial se rompe.

No hay un final feliz en esta segunda historia que escribe la narradora, no hay un final lineal. La madre se queda sola y desconsolada, y al padre no le gusta ese final. Se ha identificado con el personaje de la madre al que el hijo ha abandonado. Por eso pregunta si la madre está enferma.

—Tercero: Supongo que lo que quieres decir es que se quedó sola, que la dejaron sola, la madre. Sola. ¿Enferma quizás?

—Sí —dije.

—Pobre mujer. Pobre chica. Nacer en una época de locos. Vivir entre locos. El final. El final.

El padre le vuelve a reprochar a la narradora que no sepa escribir un relato normal y corriente. O sea, que no sepa llevar una vida normal y corriente.

Para el padre la vida del personaje se acaba; para la narradora, no. La vida puede seguir, a pesar de ser yonqui a los cuarenta. Se puede dejar de serlo, convertirse en asistente social, ayudar a los demás, convertirse en profesora… Y ahí retomamos una de las primeras frases del relato, la de la línea:

"Había una mujer…", seguido de una trama, esa línea continua entre dos puntos que he despreciado siempre, no por razones literarias sino porque elimina toda esperanza. Tanto las personas reales como las imaginarias merecen el destino abierto de la vida."

Aunque el personaje a los cuarenta años esté abandonado por su hijo y sea yonqui, puede un día dejar de serlo, adquirir sabiduría de este hecho y tener un final feliz. Su vida no tiene que ser una línea recta entre dos puntos, una caída vertiginosa en la droga. Puede haber rehabilitación y adquirir una mayor sabiduría, pero llega de nuevo el comentario del padre, con su visión lineal de la literatura y de la vida para anular la esperanza:

—Bobadas –repuso él—. Ese es tu mayor problema como escritora. Te niegas a reconocerlo. ¡Tragedia! ¡Pura y simple tragedia! ¡Tragedia histórica! Sin esperanza. Fin.

Y a partir de ahí el padre iguala los dos planos, el del personaje madre y el de la vida de su hija. La metaliteratura le lleva a relacionarlas: "Tienes que afrontarlo también en tu propia vida".

La autora no nos ha dado apenas datos sobre su padre, sobre la familia, ni el entorno. Pero hay una frase que nos pone sobre aviso:

...yo había prometido a la familia que le dejaría decir siempre la última palabra en las discusiones, pero en este caso tenía una responsabilidad distinta.

De esta forma nos da información sobre las relaciones padre e hija. Las discusiones son frecuentes, ambos luchan por decir la última palabra. Deben de ser frecuentes y conocidas para el resto de los miembros, puesto que ella ha tenido que prometer a la familia que le dejaría decir a su padre enfermo la última palabra en una discusión.

Luego ella le pone otro final: trabajar en un dispensario. Pero el padre, con la última frase, vuelve a matar la esperanza con la palabra mentira. Porque el padre está convencido de que las personas tenemos un final lineal como el de la línea entre dos puntos.

La hija pone un final más o menos esperanzador, aunque no exitoso:

Su hijo no volvió a casa nunca, claro. Pero ahora mismo es la recepcionista de un dispensario del East Village.

Pero el padre le pregunta cuánto tiempo cree que va a durar el personaje en su nuevo trabajo, y luego identifica al personaje madre con la hija, cuándo cree que puede ver la realidad cara a cara.

La historia acaba así, con el reproche del padre y sin aceptar a la hija.

El padre, que representa los antiguos valores de la literatura, es vencido por la rebeldía natural y la ironía de la hija. Nosotros como lectores esperamos que esa línea recta entre dos puntos se quiebra para dejar lugar a la esperanza.

Elección artística

Escribe una historia que contenga metaliteratura.

Puede ser un personaje que está escribiendo un cuento. Recuerda que tiene que haber conflicto y trama en los dos planos.

Por ejemplo:

—Puede ser un personaje que esté pasando una mala época con su pareja y está escribiendo un cuento sobre un divorcio. Le puede leer el cuento a su pareja.

—Una madre o padre que tiene miedo de que su hijo se adapte mal al colegio y escribe un cuento sobre un inadaptado.

—Un detective que escribe una novela negra mientras investiga un asesinato.

Intenta introducir breves fragmentos de las historias que los personajes escriben en la narración, tal y como hace Grace Paley en este cuento.

Recuerda, escribe y diviértete.

CAPÍTULO IX
El rinoceronte, de Juan José Arreola.
Cómo utilizar la psicozoología para escribir

Biografía

Juan José Arreola Zúñiga, más conocido como Juan José Arreola, nació en 1918 en Zapotlán el Grande, en el estado de Jalisco, México. Fue escritor, académico, traductor y editor. Tuvo una formación autodidacta, ya que no terminó los estudios. Fue el cuarto hermano de una familia de catorce hijos. Desempeñó muchos oficios, entre ellos el de actor, y dirigió talleres de escritura creativa.

Por sus obras *Confabulario* (1952), *Bestiario* (1959) y *La Feria* (1963) se le considera uno de los más importantes representantes del cuento fantástico y de la minificción. Murió en el año 2001.

Pertenece a la generación de los 50 entre los que estaba Juan Rulfo.

Su obra

En su obra sabe mezclar varios géneros como el ensayo ficción, fábula y poesía. Son textos breves, concisos e irónicos donde salta de lo lógico a lo absurdo.

Él mismo decía que reflejaba la naturaleza humana a través de anécdotas, puesto que la anécdota tiene la capacidad de mostrar tanto los defectos como las cualidades de una persona.

En los animales aparecemos caricaturizados, y la caricatura es una de las formas artísticas que más nos ayudan a conocernos.

Juan José Arreola

Cultivó sobre todo el cuento y solo escribió una novela, *La feria*.

Confabulario

El cuento de *El rinoceronte* pertenece al libro *Confabulario*. Su prosa está muy trabajada, él mismo dijo que con pasión artesana, y atrapa al lector desde la primera línea. Corrigió y revisó numerosas veces sus obras para eliminar cualquier palabra o frase superflua y para encontrar la palabra exacta. El resultado es un estilo muy cuidado, sobrio y conciso. Sobre este libro, *Confabulario*, Arreola dijo:

Esta es, dicho en pocas palabras, la condensación, la poda de todo lo superfluo, que me ha llevado a castigar el material y el estilo hasta un grado que, en dos o tres piezas, puede clasificarse de absoluto. Este afán me ha arrebatado muchas páginas: textos que tenían veinte o diez cuartillas llegaron a tener tres y una. Cuando logré condensar en media página un texto que media varias cuartillas, me sentí satisfecho.

Es un escritor muy irónico y algunos de sus cuentos son de humor negro.

Sus cuentos en general tienen algunos elementos o técnicas literarias de influencia del mundo medieval, como es el uso de la psicozoología, la cosificación de algunos personajes, la caricatura o el uso de la exageración y la hipérbole. Emmanuel Carballo dice sobre Arreola que su técnica consiste en desarrollar contrastes, poner ejemplos como en las fábulas, saltar de lo lógico a lo absurdo. En definitiva, ha construido un nuevo tipo de cuento.

Arreola era un escritor un tanto misógino, se sentía a la vez atraído y rechazado por las mujeres. A pesar de que esa fama está fundamentada por algunos de sus cuentos, en el caso de *El rinoceronte* la narradora es inteligente y lúcida.

Leamos este párrafo que describe la prosa de forma general:

Los hombres, los animales, los escenarios, las situaciones de los cuentos de Arreola son símbolos. Y todos ellos están ahí para tratar, para hurgar, para descubrir el universo humano, todo lo que desde siempre ha acompañado al hombre y que le sigue doliendo y dando vida: el miedo, el amor, la soledad, el compromiso, la lealtad, la fe... Por eso en los cuentos de Arreola se encuentran pocas descripciones detallistas o naturalistas, pocos adjetivos del campo semántico de los sentidos, y sí muchos sustantivos abstractos y un gran uso de los tropos de dicción y de pensamiento, en especial la metáfora, la metonimia y la alegoría.

Rosario González Galicia

Qué es la minificción

Arreola cultivó sobre todo la minificción. Este género tiene una naturaleza híbrida, y campos de intersección con la poesía o el ensayo. Cuanto más concentrado es el lenguaje verbal, hay una mayor tensión y se acerca más a la poesía. Cultivar la minificción supone contar mucho con pocas palabras. También comulga con otros subgéneros como los chistes, las anécdotas, las fabulas, los proverbios, los aforismos, las biografías o el poema en prosa.

La minificción también se llama con otros términos como minicuento, microcuento, microrrelato, ficción breve, cuento breve, microficción, nanoficción...

Según algunos críticos la minificción es un género narrativo irónico, lúdico e híbrido. Procede de las vanguardias del siglo XX, aunque su origen se puede remontar a las civilizaciones antiguas como la grecolatina con las sentencias, las fábulas, aforismos y epitafios funerarios. También tenemos antecedentes con los bestiarios y los exemplas en obras como *Calila e Dimna*.

A grandes rasgos la microficción o un microcuento es una narración de unas cuantas líneas que no rebasan la página. En España a un cuento hiperbreve se le llama microcuento, en otros países prefieren llamarlo microficción. Algunos críticos consideran como cuento corto a aquel que contiene entre mil y dos mil palabras, y cuento ultracorto o microcuento al que contiene entre doscientos y mil. La extensión de este último debe ser de unas cuantas líneas que no rebasen la página. La brevedad asegura que se utilice un lenguaje muy conciso y preciso. Julio Torri, pionero del género, dice:

El horror por las explicaciones y amplificaciones me parece la más preciosa de las virtudes literarias.

A veces el argumento es una anécdota comprimida. El buen microcuento produce un impacto en la mente del lector y es ingenioso, imaginativo y sutil. A veces juega con la ironía, el humor y la parodia. El microcuento, además de ser breve, suele contener una elipsis.

El cuento de Arreola, *El rinoceronte*, tiene quinientas cuarenta y dos palabras. Es, por tanto, un microcuento. En el microcuento el lenguaje tiene que ser preciso y condensado. En el cuento de Arreola es muy irónico y el personaje es descrito por lo anecdótico, por su comportamiento y costumbres.

Qué es la psicozoología

Consiste en atribuir a un personaje la psicología de un animal. Algunos escritores la han utilizado como en la obra *El hombre que parecía un caballo y otros cuentos*, del escritor guatemalteco Rafael Arévalo Martínez.

En el cuento *El rinoceronte*, la psicozoología es muy explícita. El personaje del que habla la narradora, el ex marido, el juez, tiene la psicología de un rinoceronte.

El cuento

Algo interesante en *El rinoceronte* es que está contado a través de los ojos de una narradora, Elinor, la ex mujer del juez Joshua McBride. La narradora cuenta su historia con el juez y lo mal que lo pasó los diez años de matrimonio. En el momento en el que empieza este cuento, ella está divorciada y conoce cómo es la nueva mujer del Joshua. A partir de ahí hace un juego de imaginación y, ella que conoce bien a su ex marido en la intimidad, nos cuenta lo que está ocurriendo en la nueva vida conyugal o lo que cree que está ocurriendo.

En pocas líneas describe la relación que tuvo con el juez. Hay que fijarse muy bien en los adjetivos, Su lujuria era **insistente**, pero su ternura **momentánea**. En esa pareja durante diez años el amor no existió, McBride no cree en el amor. Pero además adoctrina o intenta adoctrinar a su mujer para que no crea en él:

Me ofreció en cambio su protección de hombre respetable. La protección de un hombre respetable es, según Joshua, la máxima ambición de toda mujer.

Durante diez años, puesto que no hubo amor y apenas ternura, se puede decir que tuvo una relación sexual sin amor con su ex marido. El juez le ofreció prácticamente una relación mercantil, un intercambio. Ella cumplía sus deberes maritales cuando él lo requería sin pedir afecto a cambio, y él le daba protección y prestigio social. Un trato en el que la esposa tiene que estar supeditada a los deseos del marido sin que sus sentimientos, apetencias o carencias emocionales tengan ninguna importancia, ya que es lo máximo a lo que puede aspirar una mujer según el juez.

No sabemos cuál es la situación sentimental de Elinor en el momento en el que nos está contando la historia, si se ha casado o si está sola, es un dato que no importa en el cuento, pero sí nos cuenta la nueva situación sentimental de él. El juez se ha casado otra vez, pero, como dice la narradora, se ha equivocado de mujer. Se puede deducir que pensaba que todas las mujeres eran iguales, buscaba otra Elinor, y se encontró con Pamela. No se ha casado con una mujer como la narradora, sino con una mujer que tiene la misma mentalidad que él, es como él. El juez piensa que en el matrimonio basta con ofrecer posición social y bienestar económico, la otra parte tiene que cumplir sus deberes maritales y ya está. No es más que un intercambio de favores y el amor es innecesario.

La primera mujer, Elinor, intentó cambiar durante diez años esa situación, pero al final se divorció. Arreola cuenta con mucha concisión que es ella la que toma la iniciativa cuando dice "arrastrarlo al divorcio". El juez estaba bien con la situación, si por él fuera, no hubiera cambiado nada.

Todas estas deducciones las hacemos ya en los primeros cuatro párrafos del cuento. Esto nos indica la gran capacidad de concentración que tiene Arreola como escritor.

También es interesante concentrarse en los nexos. En el relato no se pasa de una idea a otra de forma abrupta, sino de forma muy cuidada. En los primeros párrafos Elinor comienza el relato de la relación que tuvo con el juez. En el cuarto párrafo se introduce un tercer personaje y lo hace de esta manera

Joshua McBride se ha casado de nuevo, pero esta vez se equivocó en la elección. Buscando otra Elinor, fue a dar con la horma de su zapato. Pamela es romántica y dulce, pero sabe el secreto que ayuda a vencer a los rinocerontes

Más o menos nos está diciendo que Pamela sabe manipular y que lo hace. No se encara a su marido ni intenta cambiar las cosas de forma frontal y explícita, sino con estrategias y manipulaciones. Y ahí es cuando el escritor aprovecha para introducir las características del rinoceronte, introduce la psicozoología.

El rinoceronte es un animal fuerte, pero no es ágil. No es astuto como podría ser un felino, por tanto, no cae en la cuenta de las estrategias que puede estar utilizando un enemigo. Tiene un cerebro relativamente pequeño para su tamaño corporal. De esa manera, sin decirlo en el cuento, el autor nos está diciendo que el juez no es muy inteligente. Tienen muy mala vista, eso haría alusión a la mala vista con la que ha elegido a su segunda mujer. Es herbívoro y el sentido que tiene más desarrollado es el olfato. Tradicionalmente en la medicina China se ha considerado que su cuerno tenía propiedades afrodisíacas.

Es importante esta breve descripción del rinoceronte. El cuentista ha elegido por alguna razón este animal: no ve muy bien (no ha visto muy bien la personalidad de Pamela antes de casarse con ella); es fuerte y grande (tiene una posición social de fuerza y de prestigio); no tiene mucho cerebro; el sentido más desarrollado es el olfato y ataca frontalmente, está perdido si alguien no se le coloca de frente, ya que no es un animal ágil.

A base de estrategias, Pamela ha logrado ablandar a su marido, tiene la sartén por el mango. Pamela es consciente de que su matrimonio con el juez es una lucha de poder más que una relación de igual a igual, por eso manipula y controla los alimentos de este:

Es hija de un pastor prudente y vegetariano que le enseñó la manera de lograr que los tigres se vuelvan también vegetarianos y prudentes.

Le ha cambiado tanto interiormente que el juez ha experimentado un cambio en el aspecto físico.

Su palidez de vegetariano le da un suave aspecto de enfermo.
La narradora, Elinor, no es amiga del matrimonio, pero tiene gente conocida común. Esta gente le cuenta la historia de lo que come en la actualidad el juez, los grandes platos de ensalada. Los platos sabrosos o cargados de proteínas que producían una untosa pestilencia en el comedor, de donde el juez sacaba tanta fuerza física que le llevaban a sus arrebatos de lujuria, no están presentes.

Sus platos favoritos han sido metódicamente suprimidos. Esta observación es muy interesante. La palabra metódicamente recalca la idea de una estrategia utilizada por Pamela. No le quita todos los platos favoritos de golpe, porque quizá eso sería un intento fallido. Lo hace metódicamente, fruto de una estrategia para tener éxito con el resultado.

La expresión *como un niño castigado* también es interesante. Habla de la pérdida de poder del juez y de cómo se siente, con culpabilidad ante la autoridad de los adultos. Como se va viendo en el texto, cualquier expresión está medida y concentrada, no hay ni un solo adverbio ni un solo adjetivo que sobre.

Pamela nunca está enfadada, siempre está amable y sonriente. No es frontal, por tanto, no expresa su insatisfacción afectiva al juez. Pero además de racionarle la comida, también le apaga el puro, el tabaco de su pipa y le suprime el whisky. Y él, por supuesto, se deja. También él tiene un sentido de la relación basada en el poder, Pamela es *la horma de su zapato,* como nos ha dicho antes la narradora. La psicología del juez es: el más fuerte tiene siempre el control y somete a los demás. Por tanto, como Pamela es la fuerte, el marido acepta que tiene el control sobre él. Ella es como el juez, no busca el amor en el matrimonio, sino el prestigio social y el control.

El rinoceronte tiene que llamar a la puerta por la noche, pero la única respuesta es una puerta *obstinada.* Ese adjetivo está muy bien colocado y nos dice todo sobre la vida sexual de la pareja.

El espacio:
El espacio es la casa de los McBride. Aunque en algún momento Elinor ve a su ex marido en misa. La historia ocurre en el comedor, donde se nutre el rinoceronte y en las alcobas.

La información:

Hay una gran maestría en la forma a la que la narradora le llega la información. Elinor cuenta la historia en primera persona. El pasado lo conoce bien puesto que ella lo ha vivido. Conoce algo sobre la vida de Pamela, sus costumbres y que es hija de un pastor. La forma de ser de Pamela la ha deducido por su forma de actuar o, por que quizás alguien le ha contado cómo es, pero eso no interesa en el cuento. Lo que interesa es que las conclusiones de la narradora son coherentes y están contrastadas con las anécdotas que nos muestra sobre Pamela y el juez. Primero la narradora da unas conclusiones y luego las apoya con las anécdotas del matrimonio.

Otras formas de conseguir información son cuando ella lo ve en misa y ve al ex marido más *enjuto y comprimido* y, cuando a través de amigos comunes que han comido en casa del juez, conoce sus nuevas costumbres.

Y, por último, con el conocimiento íntimo de su ex marido y las costumbres de él, y después de conocer la forma de ser de Pamela sobre todo a través de las anécdotas, Elinor, aunque no lo ve, sabe o imagina lo que está ocurriendo en el matrimonio. Pamela no le abre la puerta, el juez se queda sin saciar su sexualidad.

Los personajes:

Hay tres, Elinor, el juez y Pamela. Los demás son personas y visitantes sin identidad. Actúan como un único personaje, aunque sea un colectivo.

El tiempo

La narradora cuenta en pasado su fracaso: *renuncié al amor, naufragaba.* Se supone que el juez tiene recuerdos satisfactorios de ese pasado que ella recuerda con cierta frustración. El juez era dueño y señor en su casa, bebía la cantidad de whisky que quería, comía los alimentos untosos que le gustaban y sus exigencias sexuales se satisfacían. También está contado en pasado cuando él le recitaba los alegatos judiciales para explicar que el amor no existe. El pasado predomina en la primera parte del cuento.

Las supuestas verdades inmutables, desde la perspectiva del juez, están contadas en presente: *El amor es un cuento que sirve para entretener criadas. La protección de un hombre respetable es*

[...]la máxima ilusión de toda mujer.

Y por último esta las deducciones de la narradora de cómo está funcionando el matrimonio y están descritas en presente.

Elección artística

—Escoge un animal y haz una lista de sus características. Puedes documentarte por Internet de su forma de ser, las costumbres, sus hábitos de comida, su inteligencia o no inteligencia... Y después haz una lista rápida. Escribe un cuento y le atribuyes a un personaje las características del animal. Por ejemplo, sobre una tortuga:

—Tienen un caparazón. Llevan su casa o su escudo a cuestas.

—No tienen dientes.

—Pueden ser terrestres o acuáticas.

— Son omnívoras, les gusta mucho los caracoles y las lombrices. Algunas son muy voraces.

—Son depredadoras de animales pequeños y, a la vez, alimentos de animales más grandes.

—Son reptiles muy primitivos y longevos.

— Ovíparas. Ponen los huevos y se van. No se ocupan de las crías. Las crías tienen que arreglárselas solas desde que nacen.

—En la tierra son lentas, en el agua muy rápidas.

—Muchas invernan. Algunas especies se entierran los meses de invierno bajo tierra.

—Son muy territoriales.

—Prefieren los climas cálidos.

O también puedes escribir tu propia idea, lo que te haya inspirado el cuento.

¡Disfruta escribiendo!

CAPÍTULO X
El muerto, de Borges
Cuando el principio y el final se abrazan

Biografía

Jorge Luis Borges nació en Buenos Aires el 24 de agosto de 1899 y murió en Ginebra en 1986. Escribió ensayos breves, cuentos y poemas. Fue uno de los autores más importantes del siglo XX.

Tuvo raíces españolas, portuguesas y anglosajonas. Su padre escribió una novela y tradujo del inglés los poemas de Omar Jayyam. Según Borges, su padre le reveló la poesía, y que las palabras no son solo un medio de comunicación, sino también símbolos mágicos y de música.

Aprendió a leer y a escribir a los cuatro años. Era bilingüe, ya que en su casa se hablaba por igual español e inglés.

Escribió varias obras, incluso algunas en colaboración con otros escritores como *Antología de literatura fantástica*, junto con Bioy Casares y Silvina Ocampo.

A los cincuenta y cinco años se quedó completamente ciego.

Borges llevó el movimiento ultraísta desde España a Argentina.

Murió en Ginebra en 1986.

La técnica de las dos historias en el relato

Muchos cuentos tienen una historia A y una historia B. Aparentemente la historia A, la anécdota que nos cuenta, es la verdadera, suele ser con la que empieza el relato. La segunda, al principio, está sumergida y el lector solo puede ver algunos retazos de ella. A medida que el cuento va avanzando, la historia B va tomando más importancia mientras la A se debilita. Al final nos damos cuenta de que la primera, la que creíamos más importante, no lo es y es en la segunda donde reside y se apoya la trama.

En este cuento, la historia A es la aventura de Benjamín Otárola, el ascenso, sus planes secretos, cómo subiendo y escalando posiciones en el grupo de los gauchos hasta que usurpa el poder a Bandeira. La historia B es que los gauchos conocían sus intenciones desde el principio y le han gastado una broma cruel que le ha costado la vida.

Vocabulario

El relato cuenta con una gran riqueza de vocabulario. Se exponen aquí el significado de algunas palabras para quien no esté familiarizado con ellas.

Entropillar: agrupar a los caballos en tropillas.

Tropero: conductor de ganado.

Carrero: conductor de carros

Cuarteador: el que tiene por oficio sacar del barro a los carros que se han quedado atascados o ayudarlos a subir una cuesta empinada.

Talero: látigo corto que utiliza el jinete.

Arreador: jornalero que acompaña al ganado de tránsito

Guampuda: con grandes cuernos.

Menesterosa: necesitada, que carece de algo

El relato

El muerto pertenece al libro de cuentos El Aleph.

Uno de los puntos más interesantes de este cuento es el comienzo.

Que un hombre del suburbio de Buenos Aires, que un triste compadrito sin más virtud que la infatuación del coraje, se interne en los desiertos ecuestres de la frontera de Brasil y llegue a capitán de contrabandistas, parece de antemano imposible.

Desde ese momento creemos que Borges nos propone un relato de aventuras. Es un reto, es imposible que este hombre llegue a jefe de los gauchos. Se supone que a lo largo del relato nos va a contar cómo lo consigue.

La historia parte desde 1981. Con la descripción física nos

cuenta que no es un sujeto muy inteligente; frente mezquina, y sinceros ojos claros. Este último rasgo, aparentemente un elogio, es una pista que nos da el narrador: por sus ojos los demás sabrán lo que está pensando.

En el primer párrafo ya se define la voz del narrador. Una especie de cronista, alguien que nos cuenta la historia y que, como él mismo dice, la resume:

Ignoro los detalles de su aventura; cuando me sean revelados, he de rectificar y ampliar estas páginas. Por ahora, este resumen puede ser útil.

Nos presenta a Benjamín Otárola para comenzar la historia y, a la vez, nos revela que ya ha muerto de un balazo: *que murió en su ley, de un balazo.* En un mismo párrafo nos cuenta el principio de su aventura y también su final, pero lo hace con tanta habilidad que los lectores no caemos en la cuenta. Pensamos que ese balazo lo recibiría años después de contarnos lo que ocurre en el cuento, de conseguir su sueño de ser capitán de los contrabandistas. Por eso el relato se llamará *El muerto*, porque el protagonista no solo está muerto en el momento en el que se cuenta la historia. También está condenado a muerte desde el principio de la aventura que vive. Desde el momento en el que empieza la historia, cuando tiene diecinueve años, va encaminado a su propia muerte.

Una puñalada feliz lo ha convertido en un hombre supuestamente valiente. Esta acción da comienzo a su aventura y tiene que huir de su país. A partir de ahí se considera un hombre diferente, todo es posible para él.

Su ética, aunque el narrador nunca se pronuncia, es dudosa. No solo no se preocupa por la persona que ha matado, sino que está contento. Más adelante intentará usurpar el poder al hombre que le da trabajo.

Le dan una carta de recomendación para Azevedo Bandeira. Lo busca sin éxito durante el día y, por la noche, ocurre algo confuso. Ve una pelea entre unos troperos. Él, sin saber de qué lado está la razón, se mete por medio y, sin saberlo, ayuda a Bandeira.

Es de noche y la algarabía ha sido confusa. El narrador nos da frases sospechosas: *Proyección o error del alcohol, el altercado cesa con la misma rapidez que se produjo.* Y a Otárola le despierta de madrugada el mismo hombre que supuestamente agredió a Bandeira.

En este punto ni los lectores ni el protagonista Otárola nos damos cuenta de que la supuesta agresión nunca ha ocurrido. O la han simulado los troperos de Bandeira, o era una especie de broma sin trascendencia entre ellos. Pero Borges tiene la suficiente destreza de contárnoslo sin que nos demos cuenta de lo que ha ocurrido. Lo importante de este hecho es que influirá en la trama a lo largo de todo el relato.

El narrador sigue contándonos lo anecdótico, lo que hace Otárola. Pero hay una segunda historia, de momento subterránea, de la que nos llega a retazos desde el subconsciente del relato.

Bandeira es presentado con rasgos de animales: el mono y el tigre. El mono porque es el que hace trucos para hacer reír a los demás, (a su gente); y el tigre porque es poderoso, peligroso y ataca en silencio. Bandeira envía a uno de sus hombres para que Otárola se presente ante él.

El hombre le dice que el patrón lo manda buscar. En una suerte de escritorio que da al zaguán (Otálora nunca ha visto un zaguán con puertas laterales) está esperándolo Azevedo Bandeira, con una clara y desdeñosa mujer de pelo colorado.

La descripción del espacio, el zaguán con puertas laterales, según algunos críticos se asemeja al teatro con sus dos entradas para los actores que a un zaguán real. Borges con el espacio nos está avisando que la obra de teatro ha empezado. El protagonista y único actor es Otárola. Los demás serán espectadores de su ambición y de su caída.

Bandeira le propone que trabaje con ellos y Otárola acepta. A partir de entonces empieza su nueva vida y aprende a ser un gaucho. Pero después de un año, acaba sintiéndose un sirviente. Apenas ve a Azevedo, pero lo tiene muy presente en su mente.

Observa y encuentra la manera de ascender. Su siguiente paso consiste en ser contrabandista de Bandeira. Hiere a uno de los contrabandistas y toma su lugar. Le manda un mensaje a su jefe o cree mandárselo:

Que el hombre (piensa) acabe por entender que yo valgo más que todos sus orientales juntos.

Un año después Bandeira está enfermo. Otárola tiene que entrar a su habitación para servirle. Se siente humillado y satisfecho. La habitación es oscura, como oscuro fue el momento en el que conoció a Bandeira. Pero la habitación está llena de armas, lo que indica el poder que tiene Bandeira. Junto a él está la mujer pelirroja, un tipo de mujer exótica para esos ambientes.

Hay un espejo con la luna empañada. Borges utiliza este indicio para indicar que Otárola no puede verse a sí mismo frente a su jefe, ni tampoco puede verse frente al mundo. No ve la imagen que da porque está empañada. Él tiene el sueño de suplantar a Bandeira, pero no sabe que todos saben que tiene ese sueño. Se cree que es bastante inteligente y ambicioso y que nadie conoce su plan, pero la realidad es que todos lo conocen.

Ve a su jefe hundido en la cama y viejo. Luego sabremos que Bandeira se hace el enfermo para seguir la farsa. El vasto lecho blanco parece disminuirlo, pero solo *parece*. Y el balcón mira a poniente, que es la muerte.

Días después les llega la orden de desplazarse al Norte. El nombre de la hacienda es "El Suspiro ", otro nuevo indicio.

Cuando está allí, se oye el rumor de que Bandeira va a la hacienda. Otárola pregunta por qué Bandeira se va de Montevideo. Alguien le responde que hay un extranjero agauchado que quiere mandar demasiado. Él se siente aludido y halagado. Ese pensamiento, pensar que Bandeira empieza a temerle, le hace creer que tiene poder.

Llegan las cosas de Bandeira y de su mujer, y el guardaespaldas de Bandeira, Ulpiano. No habla mucho, pero Otárola piensa que tiene que ganarse su amistad. Todos, excepto Otárola y los lectores, saben ya lo que traman.

Llega el caballo colorado de Bandeira y su silla de montar. El color del animal entronca con el del pelo rojo de la mujer.

El tratamiento de la mujer está cosificado, ni siquiera tiene nombre en el relato. No tiene identidad porque es una posesión de Bandeira. De ella solo se sabe que es pelirroja en un mundo donde la mayoría de la gente es morena para recalcar así que Bandeira puede permitirse un tipo de mujer singular y diferente, que tiene al lado una mujer inalcanzable para el resto de sus gauchos.

Otárola ambiciona la mujer, la silla de montar y el caballo. Siente por ellos un deseo rencoroso y le da rabia que sean propiedad de su jefe Bandeira. El caballo simboliza la autoridad; el apero, el poder; la mujer, la sensualidad.

Otro símbolo en el relato es el nombre de Benjamín, ya que es un nombre que expresa inexperiencia ante las maniobras malévolas de Bandeira. El nombre bíblico significa *Hijo de la diestra,* y es el término que se utiliza para denominar al pequeño en una familia.

Con todo este simbolismo y estos indicios el narrador va tejiendo la trama, a la vez que Bandeira teje la suya.

Aunque en una primera lectura no caigamos en la cuenta, Borges nos está avisando a lo largo del relato de lo que está ocurriendo, de que hay una historia agazapada que al final se impondrá:

Azevedo Bandeira es diestro en el arte de la intimidación progresiva, en la satánica maniobra de humillar al interlocutor gradualmente, combinando veras y burlas.

Nos lo cuenta para avisarnos de que Otárola aplica este método y, a la vez, para que ese final sea coherente y sorprendente.

La gente de Bandeira son orientales, uruguayos, y Otárola, argentino. Bandeira se sospecha que es argentino. Después de cualquier gesto de valor o fanfarronería que hace cualquier hombre de Bandeira, siempre hay comentarios de que Bandeira lo hace mejor.

Otárola se decide a confiar su plan a Suárez, y este dice que le apoya. Otra vez interviene la voz de ese narrador cronista que nos cuenta los hechos de forma lacónica y sin detalles: Otárola no obedece a Bandeira y parece que el universo se ha confabulado a favor del primero. Hay un tiroteo, y ya Otárola vuelve en el caballo de Bandeira: esto significa que ha usurpado, aparentemente, el poder. Esa noche duerme con la mujer de Bandeira. Nadie obedece a Bandeira, pero nadie lo toca, a Otárola le da lástima.

Muchas cosas van aconteciendo después, de las que sé unas pocas. Otálora no obedece a Bandeira; da en olvidar, en corregir, en invertir sus órdenes. El universo parece conspirar con él y apresura los hechos. Un mediodía, ocurre en campos de Tacuarembó un tiroteo con gente riograndense; Otálora usurpa el lugar de Bandeira y manda a los orientales. Le atraviesa el hombro una bala, pero esa tarde Otálora regresa al Suspiro en el colorado del jefe y esa tarde unas gotas de su sangre manchan la piel de tigre y esa noche duerme con la mujer de pelo reluciente.

Aparece la voz del narrador relatando que otras versiones cuentan que estos hechos no ocurrieron en un solo día. Ese narrador cronista a veces tiene los datos exactos, otras, no.

La última escena ocurre en el último día del año 1894. Han pasado solo tres años desde que Otárola dio su puñalada feliz. Esa noche comen cordero y todos beben mucho. Otárola está exultante, un aviso, según el narrador, de su trágico destino. Cuando las campanadas suenan, Bandeira, hasta el momento taciturno, se levanta y arroja a la mujer sobre él. Y en ese momento Otárola entiende algo terrible: le han permitido todo: el amor, el triunfo y el mando porque Bandeira conocía sus planes desde el principio. Y porque todos, absolutamente todos, han asistido a una farsa, a un teatro, han fingido concederle el poder para mofarse de él y quitarle la vida.

El relato se llama así. *El muerto,* porque lo condenaron a muerte desde que lo conocieron.

Benjamín Otárola no ha llegado nunca a jefe, ni Bandeira ha perdido en ningún momento su poder. Y Suárez, casi con desdén, hace fuego. No lo han matado, lo han ejecutado.

Características teatrales del relato

El tema es la traición. Otárola quiere traicionar a Bandeira; Ulpiano finge traicionar a Bandeira, pero traiciona a Otárola porque es fiel a su jefe. Bandeira tenía mucho poder y cuenta con la fidelidad incondicional de sus hombres.

También el mensaje es *el diablo sabe más por viejo que por diablo*. Bandeira tiene la experiencia necesaria para saber que Benjamín Otárola le quiere traicionar nada más conocerlo.

Otro tema es la falta de habilidad que tiene Otárola para percibir el mundo y su narcisismo. Piensa que va a engañar a todos, cuando todos le están engañando a él.

En el relato pasan tres años. Bandeira no tiene prisa, le deja actuar. Otárola es ambicioso, traicionero, envidioso y narcisista. Se piensa que es más listo que cualquiera de ellos. Cuando está en el clímax de su ambición, en el clímax final, descubre la traición.

Muere la noche de Año Nuevo a las doce. El doce en el tarot representa la carta de El colgado, que representa a Cristo en la cruz (aunque para otros representa a Odín). Jesucristo fue coronado como rey de los judíos para mofarse de él. La historia de Otárola es una bufonada puesto que nunca llega a jefe de los gauchos.

Algunos críticos han comparado la última cena de *El muerto* con la última cena de Cristo y sus apóstoles. La Nochevieja simboliza muerte y resurrección, como Otárola y Bandeira.

También se ha comparado la estructura de este cuento con una antigua fiesta del carnaval. Se solía coronar a un tonto, o a un falso rey o papa. Incluso, a veces, se coronaba a un forastero y luego se le mataba por haber estado en contacto con los símbolos reales. Según Bajtin, el entronado era un antípoda del rey, un esclavo o bufón y se le entregan todos los símbolos de poder. Desde el principio de la entronización se sabía que iba a ser destronado. Al final se le quitaban los ropajes, los símbolos, se burlaban de él y era golpeado.

La estructura circular del relato

Una característica de muchos cuentos es que tienen una estructura circular. Esto significa que el principio del cuento tiene relación con el final, como una serpiente que se muerde la cola. El principio nos anuncia el final y están entrelazados. Los acontecimientos siguientes nos hacen olvidar lo profetizado para recordarlo cuando el relato se acaba.

Borges empieza de esta forma el relato:

> *Que un hombre del suburbio de Buenos Aires, que un triste compadrito sin más virtud que la infatuación del coraje, se interne en los desiertos ecuestres de la frontera del Brasil y llegue a capitán de contrabandistas, parece de antemano imposible.*

Borges nos va contando detalle a detalle el ascenso social de Otárola dentro del grupo de contrabandistas y cómo tiene el sueño secreto de sustituir al jefe. Parece que lo va a conseguir por el desarrollo la historia. Pero al final ocurre la terrible caída. Este es el final:

> *Otárola comprende, antes de morir, que desde el principio lo han traicionado, que ha sido condenado a muerte, que le han permitido el amor, el mando y el triunfo, porque ya lo daban por muerto, porque para Bandeira ya estaba muerto. Suárez, casi con desdén, hace fuego.*

En conclusión, si mezclas el principio con el final, mira lo que queda:

> *El muerto*
> *(Principio)*
> *Que un hombre del suburbio de Buenos Aires, que un triste compadrito (...) llegue a capitán de contrabandistas, parece de antemano imposible.*
> *(Final)*
> *Otárola comprende, antes de morir, (...) lo daban por muerto, porque para Bandeira ya estaba muerto. Suárez, casi con desdén, hace fuego.*

El principio nos dice que es imposible que llegue a jefe de los contrabandistas. Los lectores nos creemos que nos van a contar una historia de superación, pero, por muchas aventuras que ocurren por medio, al final se cumple la predicción de la primera frase. Es imposible que llegue a ser jefe de los contrabandistas y paga su ambición con su vida.

El final nos sorprende porque no nos lo esperábamos y nos coge desprevenidos. Pero, en realidad, estábamos avisados con el título y con la primera frase y porque Borges, a lo largo de todo el cuento, continuó avisándonos con los indicios.

Elección artística:

—Escribe un relato con estructura circular. Puedes comenzar con cualquiera de estas frases, alguna de estas. Aquí tienes dos ejemplos;
1—Comienza un relato con esta frase de Montesquieu:

A la mayoría de las gentes prefiero darles la razón en seguida que escucharlas.

 y que termine así:

Cuando me quise dar cuenta todos habían perdido la razón, yo ya no podía dársela a nadie, tenía que pasarme el resto de mi vida escuchando.

—También puedes optar por esta otra elección artística:
Principio
El hombre que se acercaba hacia mi casa llevaba una mochila, seguramente llena de documentos. En esa mochila iba escrito todo mi destino.
Y ponle este final:
Descubrí que mi destino había sido escrito hacía mucho tiempo y que había sido yo, en mi inconsciencia, quien lo había hecho a lo largo de mi vida.

O si tienes tu propia idea, estupendo. Lo importante es que le des un sentido circular al relato, que la primera frase y la última estén conectadas.

Despedida

Ya hemos llegado al final de este viaje interior. Espero que este libro te haya dado las herramientas necesarias para analizar otros relatos y haber saciado un poco tu curiosidad de lector o lectora inquieto.

Si quieres ponerte en contacto conmigo, este es mi correo:

patricia@talleresdeescrituracreativa.es

Bibliografía

—Jorge Luis Borges. El Aleph, Alianza Editorial

Poe

—Juan José Arreola: Confabulario Definitivo. Editorial Cátedra. 2004.

—Galaxia Gutenberg: Antología del cuento norteamericano.

—Julio Cortázar. Historias de cronopios y de famas. Editorial Seix Barral, 2002.

—Augusto Monterroso y Bárbara Jacobs: Antología del cuento triste. Alfaguara. 1999.

—Gabriel García Márquez. El ahogado más hermoso del mundo

—Ambika Walker— Los chakras y los arquetipos, Edaf, 2001.

—Ernest Hemingway *En nuestro tiempo*, Editorial Lumen, 2009.

—Dorothy Parker: *Narrativa completa, Editorial Lumen.*

—*Patricia Highsmith: Pequeños cuentos misóginos. Anagrama.*

—*Clarice Lispector: Cuentos reunidos. Editorial Anagrama. 2002.*

—*Antología del cuento literario.* Editorial Alhambra Longman, 1999.

Web grafía

—Julio Cortázar:*Del cuento breve y alrededores*. Ciudad Seva.